THE IRISH WAY -

SORGLOSE ZEITEN IN IRLAND

JÜRGEN FISCHER

BOOKS on DEMAND

The Irish Way

Sorglose Zeiten in Irland

Jürgen Fischer

Bibliografische Information der Deutschen Natio-
nalbibliothek:
Die Deutsche Nationalbibliothek verzeichnet diese
Publikation in der Deutschen Nationalbibliografie;
detaillierte bibliografische Daten sind im Internet
über http://dnb.dnb.de abrufbar.

Herstellung und Verlag: BoD – Books on Demand,
Norderstedt

ISBN: 978-3-7347-6762-3

Vielen Dank für die Unterstützung von Frau Margit Konther, Matthias „Matze" Falke und Andreas Hedrich. Sorry für die vielen ignorierten, trotzdem sehr hilfreichen Tipps.

Vorwort

Kommt ein Besucher zum ersten Mal nach Irland, spürt er schon recht schnell, dass irgendetwas anders ist.

Besonders, wenn er mit der Fähre von Frankreich kommt. Legt das Boot in Le Havre oder Cherbourg ab, dauert es nicht all zulange und es umgibt ihn eine Aura der Ruhe, die er vom europäischen Festland her nicht unbedingt gewohnt ist.

Mehr Leute als anderswo tragen Plastiktüten irgendeiner Supermarktkette mit sich herum. Ebenso augenfällig sind mehr Kinder und vor allem viele Kleinkinder, die von ihren Müttern oder Vätern auf dem Arm getragen werden.

Unter den Passagieren befinden sich viele Arbeiter, Pendler und LKW- Fahrer, die sich anscheinend alle kennen, immer in Gruppen auftauchen und die einzigen etwas lauteren Fahrgäste sind. Sie verschwinden meist recht schnell im Bordrestaurant und später in ihren Kojen.

Nicht zu übersehen ist, dass viele Leute nicht so gekleidet sind, wie man es von den Transportmitteln mitteleuropäischer Länder her kennt. Die meisten Iren legen keinen großen Wert auf Kleidung. Aufgetakelte Frauen oder Blender in Designeranzügen sind hier kaum zu sehen. Irland ist kein Land, in dem man durch Kleidung groß glänzen kann. Um sich Achtung zu verschaffen, bedarf es schon etwas mehr. Vor allem Charakter und Originalität, Dinge, die nicht käuflich sind.

Guinness aber schon. Das wird einem spätestens bewusst, wenn man die Fähre in Rosslare Harbour verlässt. Da lächelt einen auf einem riesigen Plakat eine Batterie Guinnessgläser an mit dem Schriftzug:

Welcome to Ireland!

Ist der Besucher noch kein Guinnesstrinker, hat er jetzt die beste Gelegenheit, es zu werden.

Verlässt er Irland auf dem gleichen Weg, erinnert er sich mit großer Wahrscheinlichkeit an dieses Plakat, denn sein Pendant steht nicht weit weg auf der anderen Seite, der Dock Zufahrt, diesmal aber ohne den Schriftzug. Nur die Gläser. Volle selbstverständlich.

Das gibt zu denken. Nicht nur deshalb würde er vermutlich am liebsten schon wieder umdrehen. Aber wir befinden uns ja jetzt Gott sei Dank erst bei der Ankunft.

Entspannt, nach etwa 20-24 h wurde auf der Fähre automatisch schon das betriebseigene Tempo gedrosselt und sind auf diese Weise wohl am Besten auf das vorbereitet, was uns erwartet.

Kommt man mit dem Flugzeug, fällt dieser Eingewöhnungsprozess erst mal weg. Der Flughafen in Dublin ist vergleichsweise laut und hektisch.

In der Ankunftshalle drängen sich oft kleinere Gruppen, - nicht selten mit Spruchbändern - die auch mal laut aufschreien und jubeln, wenn der Freund oder das heiß ersehnte Familienmitglied nach langer Abwesenheit endlich wieder bei seine(r)n Lieb(st)en sein kann.

Besonders feierlich ist es in der Weihnachtszeit.

Menschentrauben stehen bei Ankunft und Abflug, tragen meist rotweiße Santa Claus-Kappen und singen Weihnachtslieder.

Das sieht lustig aus und die Menschen strahlen scheinbar noch intensiver als üblich.

Die einzigen Ausnahmen sind vielleicht die Monate März und April, nach einer nicht auszuschließenden längeren Regen- und Kälteperiode. Da kann schon mal ein wenig Verzweiflung aufkommen.

Das Wetter ist natürlich immer ein Thema.

Die Karibik ist wo anders - wie die meisten wissen und auch spüren.

An Weihnachten aber denkt niemand an so etwas. Die Iren verstehen es dann ganz besonders fröhlich-euphorisch zu sein und trotzdem ist spürbar, wie feierlich ihnen zumute ist.

Weniger umjubelt war jedes Mal meine Ankunft.

In der Luft und beim Landen hat mancher mit viel Glück vielleicht schon die schöne, grüne Landschaft sehen können. Bei mir war das anders.

Ich hatte jedes Mal das Gefühl, die Wolkendecke gerade erst durchflogen zu haben, als dann auch schon sofort das Rollfeld auftauchte. Mindestens nieselte es und der Himmel war Wolken verhangen.

Dafür gibt es in der englischen Sprache aber ein sehr schönes Sprichwort, welches da lautet:

„There is alway s sunshine after the rain."

Von diesem Sonnenschein hatte ich in meiner ersten Zeit in Irland überraschend viel. Es regnete sechs ganze Wochen nicht ein einziges Mal. Die Zeitungen hatten auf den Titelseiten Fotos ausgetrockneter Landschaften abgebildet und schrieben von:

„Desert Ireland."

Da ich auf einer Insel mit nur einem Haus drauf wohnte und das Wasser ausschließlich gesammeltes Regenwasser war, machte ich mir allerdings schon Gedanken.

Ein Jahr lang lebte ich allein auf einer Insel bei Westport in der Clew Bay, eine große Bucht mit vielen kleinen Inseln an der Nordwestküste Irlands und später im Städtchen auf dem Festland.

Insgesamt etwa acht Jahre.

Begrüßung im Hafen von Rosslare

ANN`S HAUS

Bevor ich in das einzige Haus auf der kleinen Insel einziehen konnte, musste ich noch ein paar Tage auf dem Festland verbringen, da mein Boot noch gewässert werden musste, welches mich zur Insel und zurück bringen sollte.

Mein zukünftiger Nachbar John Rose hatte es generalüberholt und danach hatte es längere Zeit trocken gelegen.

Im Wasser dehnt sich das Holz etwas aus und es zeigt sich ob das Boot dicht und damit seetauglich ist oder nicht. Kleinere Löcher schließen sich dabei eventuell sogar von alleine.

In diesen ersten paar Tagen konnte ich bei Ann und Didi wohnen, die während der vielen Besuche vorher zu guten Freunden geworden waren.

Das Haus gehörte Ann. Didi besaß ein Haus auf einer Insel, draußen in der großen Bucht vor der Stadt.

Ann`s Haus war schon immer Herberge für viele junge Leute aus aller Herren Länder. Es hatte eine Küche, ein Wohnzimmer, ein Bad, das bestimmt mindestens so kalt wie der Kühlschrank war (auch im Sommer). Die Treppe hoch gab es vier kleine Schlafzimmer. Davon waren meistens zwei oder drei vermietet. In einem schliefen natürlich Ann und Didi.

Die Wände waren ziemlich dünn. Hatten die beiden tagsüber Sex und man war gerade in der Küche, bekam man lautstark das Tempo der beiden bis zum Höhepunkt mit.

Dabei wackelte die Decke und man hörte die ausgeleierte Matratze und die Bettfedern ächzten. Saß der Rest der Mitbewohner gerade am Küchentisch, musste gegen Ende hin, die letzten Sekunden, kurz innegehalten werden, und die Unterhaltung konnte erst wieder fortgesetzt werden, wenn Stille eintrat.

Meistens trabte Didi kurz danach im Bademantel die Treppe herunter und drehte sich eine Zigarette, machte sich einen Tee und ging wieder hoch ins Bett. Ann ging normalerweise duschen, ohne sich in der Küche blicken zu lassen.

Viele Musiker, Schriftsteller und Hippies haben im Laufe der Jahre hier gewohnt. Da diese Untermieter auch Besuch hatten, war immer ein Kommen und Gehen. Auch unter der Woche wurde hier Anfang der 1990er Jahre bis tief in die Nacht gefeiert.

Eines Abends kam ich mit Ann und Didi vom Pub zurück und eine ungeplante Party mit 15 Leuten war in vollem Gange. Einige waren so abgekämpft, dass sie schon auf dem Boden schliefen. Als wir eintraten mussten wir laut loslachen, so chaotisch war der Anblick.

Wenn Ann nicht zu Hause war, hing der Schlüssel außen an der Tür, damit man ins Haus konnte.

Besonderen Besuch gab es so etwa alle drei Monate. Dann kam John Gallagher von Clare Island, der größten Insel in der Bucht. Er schlief immer ohne Decke auf einer Couch, die neben der Eingangstür stand, und blieb drei oder vier Tage. Er kam ohne Tasche. Das Wichtigste, seine Ziehharmonika, hatte er aber dabei. Er zog durch die Pubs und spielte bei den täglichen Musiksessions mit.

Da er intensiv dem Whiskey zusprach und die Ausdünstung in den Kleidern, die er ja nicht wechseln konnte, hängen blieb, setzte sich mit seiner Ankunft bald ein stickiger, kräftiger Whiskeygeruch im ganzen Haus fest. Dem war mit keinem Raumspray beizukommen. Lüften brachte auch nichts, so lange er im Haus war.

Er war Mitte fünfzig, sehr schüchtern und sprach meistens nur in sehr kurzen Sätzen. Sein Aussehen gab einem das Gefühl, dass er nie jung gewesen war. John war Insulaner der älteren Kategorie und hatte sein Haus und sein Fischerboot, ein traditionelles Curragh, mit dem er auf dem Meer fischte, selbst gebaut und hielt einige Schafe. Seine Welt war eine andere. Er führte das traditionelle Leben eines Inselbewohners. Er kam und ging immer per Taxi, da er der staatlichen Buslinie misstraute, obwohl dies viel billiger gewesen wäre. Was ihn noch zusätzlich auszeichnete, war die Angewohnheit, die Asche seiner Zigarette, egal wo er gerade war, auf dem Boden zu hinterlassen. Meist kümmerte er sich gar nicht darum und sie fiel einfach ab. In seinem Haus auf Clare Island mit Kamin und Betonboden war das für ihn normal. Er kannte es nicht anders. Ann hatte aber Teppiche im Haus. Wenn ich Ann und Didi mit kleinem Besen und Kehrblech bewaffnet, gebückt durchs Haus fegen sah, wusste ich dass sich John wieder auf den Nachhauseweg gemacht hatte. Ann verlor nie ein Wort darüber, schon gar nicht John gegenüber.

Ann`s Häuschen stand in der sehr steilen High Street, die ihren Namen wirklich nicht zu Unrecht bekommen hat. Strategisch aber überaus günstig, da das nächste Pub gerade mal hundert Meter die Straße hinunter lag. Nachteilig war nur, dass das Pub nicht oberhalb des Hauses zu finden war.

Dann hätte man sich in größter Vorfreude den Berg hoch kämpfen und danach gemütlich die Straße wieder hinunter treiben lassen können.

Umgekehrt war es je nach Zustand ein ziemlicher Kraftaufwand. Man musste sich regelrecht gegen den Berg stemmen.

Es gab aber keinen Grund etwas zu bereuen. Man kam nämlich aus John Mc Ging`s Pub.

JOHN MC GING`S PUB

mit dem gleichnamigen Wirt und seinem Hund Todd.

John war 1,98 m groß, sehr schlank, hatte schwarze gekräuselte Haare und ein langes Gesicht mit slawischen Zügen. Er hatte ungewöhnlich große Ohren und ebenso ungewöhnlich große Füße. Die Schuhe, Größe 55, musste er bis vor wenigen Jahren speziell anfertigen lassen.

Als er seinen ersten größeren Urlaub machte und nach Australien flog, kam er wenig beeindruckt zurück. Australien ist gut zum Kleidertrocknen, war sein Kommentar über diesen Erdteil. Mehr nicht. Genauso trocken war auch sein Humor. Er war bescheiden, ziemlich selbstironisch und immer als erster über Gerüchte und Klatsch informiert, besser als jeder Friseur. Er hatte aber auch den notwendigen Stil und Klasse damit umzugehen. Diskretion ist bei den Iren eine Selbstverständlichkeit. Wenn ich diese Eigenschaft mit der Deutschen vergleiche, müsste ich meinen Personalausweis sofort einem Schredder überlassen. Manchmal war John natürlich auch Geldverleiher, wie das als „Publican" eben so ist. Natürlich musste manchmal auch aufgeschrieben werden. Durst ist schließlich alternativlos. Selbst Trinkschulden in dreistelliger

Höhe brachten ihn nicht aus der Fassung. „So lange noch getrunken wird..."

Da kam seine Güte und Menschlichkeit zum Ausdruck. Sein Wissen über die Irish Folk Szene war ungewöhnlich und er wusste über jeden guten Gig im weiten Umkreis Bescheid. Man konnte sich darauf verlassen, dass seine Tipps nur das Beste versprachen. Er wohnte mit seinen zwei Brüdern in dem Haus, in dem sich auch das Pub befand.

Nachdem man die Eingangstür geöffnet hatte, sah man in einem kleinen Vorraum rechts gleich einen kleinen Tresen, über den Haushaltswaren in bescheidenem Rahmen verkauft wurden: Kaminanzünder, Streichhölzer, Salz, Toilettenpapier, Hering in Tomatensauce usw.

Durch eine Schwingtür gelangte man dann in den Schankraum.

Links an der Wand befanden sich eine etwa drei Meter lange Bank mit rotem Kunstlederüberzug und ein kleiner Tisch mit drei kleinen Stühlen neben dem Kamin. An dessen seitlicher Wand standen zwei weitere kleine Bänke, die ebenfalls mit rotem Kunstleder überzogen waren.

Im rechten Teil des Raumes war der Tresen mit einem Durchgang für den Barmann in der Mitte. Um den Tresen herum ein knappes Dutzend Barhocker. Der Boden war bis auf ein paar Fliesen, blanker Beton und ziemlich ausgetreten.

Die Toiletten erreichte man durch eine Tür am Ende der langen Bank, dabei kam man an den aufgestapelten leeren Bierfässern vorbei, die den kleinen Vorraum ausfüllten.

Die Irish Times hatte einmal ihre Pubspione ausgesandt und die Beurteilung fiel ausgesprochen positiv aus. Es gab volle Punktzahl für die Qualität des Guinness + Charme und Gemütlichkeit.

Die Qualität der Toiletten blieb unbewertet.

Regelmäßige Leser dieser Zeitung behaupteten, es sei das erste und einzige Mal gewesen.

Man wusste, warum.

Manchmal kam die ein oder andere Lady mit leicht irritiertem Gesichtsausdruck heraus.

Es machte Spaß zu überprüfen, welchen Eindruck die Toilette bei der jeweiligen Dame hinterlassen hatte und wie sie damit zurecht kam. Manche versuchten mit gekünsteltem Lächeln ihren Schreck zu vertuschen. Da kam sie aber bei den anwesenden Beurteilern nicht weit. Andere wiederum konnten das gerade Erlebte ganz locker, lässig und souverän überspielen.

An der Wand hingen zwei wunderschöne handgemalte Karikaturen der Stammgäste, wobei jeder an seinem Stammplatz saß und seine körperlichen Eigenschaften besonders betont wurden. So waren z. B. John Mc Ging`s Ohren so groß wie seine Hände. Die meisten Bäuche waren fast so dick gezeichnet wie Bierfässer. Auch war keines der Gläser leer. Am linken unteren Bildrand zankten sich Todd und Nelly, der Hund von Jock, einem Schotten, um einen Schokoriegel. Gemalt hatte diese Karikatur eine bildhübsche 19-Jährige mit Namen Naomi, die

18

mit einem 54-jährigen australischen Surfer zusammen war. Man nannte ihn den „Beachboy". Er war braungebrannt, hatte immer ein weißes Hemd an und die oberen Knöpfe weit offen.

In einem alten, völlig überladenen Camper lebte und reiste er, wobei seine Pfannen und Töpfe außerhalb des Fahrzeuges mit Schnüren angebracht waren.

Nach zehn Jahren hatte sich das Stammpublikum leicht verändert, also orderte John eine zweite Version, die genauso viel Anklang fand. Naomi war immer noch mit ihrem „Beachboy" unterwegs und tingelte durch die Lande.

John hatte hinter seinem Tresen jede Menge Geschenke von Gästen aus aller Welt gesammelt. Am eindrucksvollsten war wohl das Blasrohr aus Indonesien, mit dem man Affen abschießen konnte!

Die Pfeile waren etwa 20 cm lang und hatten eine Metallspitze und hinten eine Art Wattebausch.

Mit ein paar Stammgästen prüften wir die Tauglichkeit und stellten eine Coladose auf die leeren Guinnessfässer vor den Toiletten und machten Wettschießen. Die Dose wurde tatsächlich glatt durchschlagen und der Pfeil schaute hinten heraus.

An jenem Nachmittag kam noch Besuch von einer ganz speziellen Truppe.

Mit einem lauten Schlag ging die Schwingtür vom Vorraum auf und herein spritzten sechs grauhaarige Mädels um die 70. Alle waren wohl beim Friseur gewesen und hatten sich aufgemotzt und so richtig schick gemacht. Lautstark setzten sie sich auch gleich an den Tresen und bestellten Wodka, Gin und Brandy. Sie steckten sich weiße, lange Zigaretten an, schwätzten ohne Unterlass und beachteten niemand um sich herum.

Sie waren ein eingeschworener Haufen, der öfter auf Tour ging und vor Energie nur so strotzte.

So kamen sie auch mal in Toby`s Bar, eine Bar, die einen auf Grund der Einrichtung mehr an ein Wohnzimmer erinnerte. Alles war wie aus dem Ei gepellt.

Es spielte gerade Arsenal gegen Chelsea und alle Anwesenden – ausnahmslos Männer – guckten Fußball.

Dann kamen die Girls rein, belegten den Tisch, der unterm Fernseher stand, rückten ihn etwas mehr in die Mitte des Pubs, packten die Spielkarten aus, griffen nach der Remote Control und machten, wie selbstverständlich, den Ton leiser!

Dieser Dynamik hatte niemand etwas entgegenzusetzen.

Um wieder zu John`s Pub zurückzukommen, so waren die Stammgäste sehr speziell. Es gab jede Menge Charaktere, auch viele Musiker, die musizierten oder nur zum „socialising" herkamen. Eine Zeit lang kam beispielsweise Henry McCullough, der einzige Ire, der in Woodstock als Leadgitarrist von Joe Cocker gespielt hatte und mit Janis Joplin liiert war, gelegentlich vorbei. Mit viel Glück soll er eine Überdosis überlebt haben. Er war auch Gründungsmitglied der Wings, der Band von Paul Mc Cartney.

Dann kam noch regelmäßig ein Schauspieler, den

man fast täglich in einer irischen Soap im Fernsehen betrachten konnte. Er spielte darin einen „Traveller", einen irischen Zigeuner.

Sporadische und gern gesehene Besucher waren auch einige Mittachtziger, von denen man nicht genau wusste, wo sie wohnten, ob sie in einer Scheune lebten oder ob sie überhaupt ein Dach über dem Kopf hatten.

Nur der Postbote hätte eventuell mehr gewusst.

Sie hatten immer interessante Geschichten zu erzählen und waren regelrechte Freidenker und Philosophen.

Der größte und kräftigste von ihnen war meist mit dem Fahrrad unterwegs und hatte eine Mistgabel mit Draht an der Stange festgemacht. Keiner wusste warum, denn niemand hat ihn je arbeiten sehen.

Er war etwa 1,90 groß und hatte einen riesigen Bauch. Einmal wurde er mit dem Motorrad mitgenommen und fiel in einer Kurve von der Rückbank. Als der Fahrer ihn aus dem Graben zog, beschwerte er sich und sagte, dass wohl irgendein Idiot vergessen hätte, die Autotür zuzumachen.

Die Stadtverwaltung fand ihn interessant genug und wählte ihn für den einzigen Autoaufkleber aus, den es in den 1990er Jahren von Westport zu kaufen gab. Die Abbildung zeigte ihn, umrahmt von einem Herz, mit seinen mit Kuhscheiße verdreckten Gummistiefeln, auf einem Feld stehend, den rechten Fuß lässig auf einem Stein platziert. Drunter stand in roter Schrift:

„I Love Westport"

Zwei Cousinen, beide Ende 70, trafen sich regelmäßig bei John, um einzukaufen. Sie gaben ihm ihre Einkaufslisten und bestellten sich Gin Tonic und einen Wodka Ginger Ale. Die Listen blieben dann auf dem Tresen liegen und John begann sie abzuarbeiten.

Er hetzte dabei hektisch hin und her und füllte die beiden Einkaufsnetze, die die Damen mitgebracht hatten. Das dauerte natürlich seine Zeit.

Solange konnte man zwar bestellen, bekam aber nichts ausgeschenkt, weswegen John auch so hektisch wurde. Da dies lustig anzusehen war, dachte wohl niemand ans Trinken, sondern man beobachtete ihn, was ihn nur noch nervöser machte.

War die Rechnung bezahlt, nahmen sie dann die Netze über die Schultern, traten ein, zwei Schritte zurück, schauten aufs Regal und nahmen zusätzlich noch etwas mit. So verhielt es sich jedes Mal - immer das gleiche Ritual.

Ich hatte jahrelang keinen Fernseher. Wozu auch? Es gab hier genug zu sehen und zu erleben. Auch konnte ich mich bestens unterhalten.

Still blieb ich aber meistens, wenn Edwin hereinkam. Man musste ihn nicht unbedingt sehen, um zu bemerken, dass er im Anmarsch war.

Hörte man die Eingangstür ein klein wenig lauter klappern als sonst, griff John blitzschnell nach einem Cognacglas, füllte es am hinter ihm hängenden drei Liter Spender, schenkte etwas Cola dazu und stellte es neben den Mitteldurchgang auf den Tresen. Aha. Als nächstes goss er schnell ein Pint Kilkenny ein und platzierte es neben dem Cognacglas, wo mittlerweile auch schon das abgezählte Geld gestapelt lag, das Edwin aus der Hosentasche geholt hatte.

Da stand er, lächelte und rieb sich dabei seinen wuchtigen Bauch. Er sprach so gut wie nie.

Seine Aufmerksamkeit galt den Getränken.

Obwohl er zuerst das Kilkenny trank, galt sein Augenmerk eindeutig dem Cognac, den er ständig im Auge behielt.

Sein Lächeln, und dass er sich so wohlwollend den Bauch rieb, hatte etwas ungemein Beruhigendes.

Man hatte ein gutes Gefühl, wenn er da war.

Schön, dass es sich jemand offensichtlich so gut gehen lassen kann und andere mit seiner puren Präsenz teilnehmen lässt. Er hatte diese Ausstrahlung, die glückliche Menschen haben können.

Es war spannend zu beobachten, wann er sich den Cognac gönnen würde. War es vor dem letzten oder vorletzten Schluck Kilkenny?

Oder am Ende gar schon vorher?

Eines war klar - der letzte Zug galt dem Kilkenny.

Die Spannung blieb aufrechterhalten, so lange der Cognac noch unangetastet dastand.

Als der dann blitzschnell, fast ansatzlos aus der Hüfte heraus eingeschüttet, ja fast eingeworfen war, wich diese langsam aus Edwins Gesicht.

Das Leeren des Bieres war jetzt nur noch lässige Routine, die er auch gleich erledigte, nachdem er noch einmal kurz durchgeatmet hatte.

Das waren seine besten Momente.

Der Höhepunkt war überschritten, also gab es auch keinen Grund mehr zu bleiben.

Das Spiel mit seinen beiden Getränken hatte etwa fünf Minuten gedauert. Länger blieb er nie.

Erst als er ging, nahm John das Geld vom Tresen.

Eines Samstags saß ich mit Didi und Ann von 18 bis 24 Uhr auf der großen, roten Kunstlederbank und wir beobachteten in erster Linie Todd, der Jack Russell des Hauses und unumschränkter Herrscher der Lokalität. Todd`s Fell war fast weiß. Sein Körper ziemlich drall und er hatte viel zu kurze Beine.

Seinem Selbstvertrauen hat das nicht geschadet.

Wenn vor dem Pub ein Auto gehalten hatte und der Motor ausgeschaltet war, kam seine Zeit.

Er lief Richtung Schwingtür und wollte hinaus.

Hatte ein in der Nähe stehender Gast das nicht schnell genug bemerkt, wurde er angeknurrt.

Nicht, dass er unfreundlich war, nein, das konnte man nicht sagen - er war eher ungeduldig.

Natürlich musste die zweite Tür auch noch geöffnet werden, dann war er endlich bei seinem Objekt der Begierde – der noch heiße Auspufftopf des Automobils. Jetzt konnte er endlich nach Lust und Laune seinen Rücken scheuern.

Das Fell war nachher nicht mehr ganz so weiß, aber eitel war er nicht, nein, auch das konnte man nicht sagen.

Was er auch noch liebte, waren Schokoriegel.

Da hatte er es wirklich gut getroffen. Immer in Sichtweite, waren sie schön im Regal gestapelt. Spätestens zum Feierabend gab es einen davon.

Einige der Gäste kannten diese Vorliebe und ließen sich nicht lumpen. Schön ausgepackt lag ihm der Riegel zu Füßen, meist, wenn er sich auf der Bank der Länge nach ausruhte, manchmal für längere Zeit. Während er so vor sich hin döste, blieb immer eines der beiden Augen halb offen. War jemand auf dem Weg zur Toilette und kam dem Riegel zu nahe, war er sofort hellwach und bereit, seinen Besitz zu verteidigen. Griff man danach, sprang er auf und stand knurrend auf dem Kunstlederpolster. Todd konnte so den ganzen Nachmittag liegen und die Vorfreude genießen. Was er hasste, waren lange Spaziergänge (zu kurze Beine) und ein von einem Gast mitgebrachtes Stoffeichhörnchen, welches am Regal hing.

Wenn John es ihm hinhielt, flippte er regelrecht aus. Er lehnte sich dann an einen Barhocker, streckte sich so hoch es nur ging, und schnappte danach, hat es aber nie zu fassen gekriegt.

Ansonsten ging es ihm blendend und er bekam sogar Post. Auf einigen Postkarten waren Extragrüße an Todd gerichtet. Paddy O`Malley, tragende Stütze des Bierumsatzes, schrieb sogar am Ende seiner Briefe immer noch ein paar Zeilen an ihn.

John Mc Ging`s Pub hatte noch eine kleine Besonderheit. Die rote Bank hatte jahrzehntelang unter den Kunstlederpolstern viel Platz geboten für aller-

lei Dinge wie Einkaufstaschen, Koffer, Musikinstru-
mente oder Futter- und Wassernapf von Todd.

Nur zum Schlafen war der Platz nicht vorgesehen.
Leider war es da mit der Zeit immer öfter zu Miss-
verständnissen zwischen John und einem Stammgast namens Finbar gekommen. Hatte dieser ein
gewisses Quantum an Pints (1 Pint= 0,568 l), meist
weit im zweistelligen Bereich, wurde er doch tatsächlich müde und konnte gegen seinen Schlaf
nicht mehr erfolgreich ankämpfen. Dann legte er
sich meistens auf die Polstergarnitur, was in Ordnung war.

Legte er sich aber unter die Couch, war das ein
Alarmzeichen, da er dort so schnell nicht mehr
wach zu kriegen war. Wollte John schließen, hatte
er ein Problem. Als es Überhand nahm, ließ er
einen Holzverschlag vorne dran nageln und die
Schlafgelegenheit war für immer verschwunden.

Finbar hatte wohl am Anfang damit etwas Anpas-
sungsschwierigkeiten, denn in einem der Fotoalben, die unter dem Tresen lagen, war ein Bild ein-
geklebt, das zeigte Finbar, schlafend auf dem Boden liegend (vor dem Verschlag), mit einer aufge-
blasenen Seemannsbraut im Arm.

Finbars bester Kumpel war der bereits erwähnte
Paddy O`Malley. Die Schlafgelegenheit wäre sicher
auch für ihn eine Option gewesen, aber aufgrund
seines dicken Bauchs hätte er wohl kaum darunter
gepasst. Padddy war schon mit 14 Jahren wegen
Waffenschmuggels nach Nordirland, für die IRA, in
einem geschlossenen Heim gelandet, wo er auch

mal ausgebüchst war und sich zwei Wochen in den Wäldern um Clifden herum versteckte und mit kleinen Diebstählen über Wasser hielt.

Später war er Viehhändler, arbeitete auf dem Bau und auch heute noch für einen Farmer, bei dem er, inklusive Schafe schlachten, alles macht, was so anfällt.

Er mochte Hunde und kannte die Hundeszene in Westport, die ihm immer genug Gesprächsstoff lieferte. „Bear" und „Smokey" hießen seine deutschen Schäferhunde.

Wenig Sympathien hat er für Pferde und vor Franzosen spuckte er auch mal aufgrund seiner tiefen Abneigung auf den Boden.

Er konnte aber auch sehr charmant sein, besonders Touristinnen gegenüber, denen er sich gerne als Guide verdingte. Dann ruhte die Arbeit. Da fehlte er dann schon mal eine Woche oder so lange, bis das Geld ausging. Natürlich verbrachte er die Zeit lieber mit ihnen. So hat er auch seine Frau, eine Norwegerin, kennengelernt, mit der er eine Tochter hat.

Bei der Hochzeitsfeier, die in einem Fjord bei Oslo ausgerichtet wurde, schenkten Paddy selbst und Finbar, der Best Man(Trauzeuge) war, die Hochzeitsbowle aus. Mit gutem Gewissen hätte man behaupten können, dass die beiden zu den trinkfestesten Vertretern ihres Landes gehörten. Wie man weiß, ist Alkohol in Skandinavien teuer, weswegen damit sparsam umgegangen werden musste. Es wurden zwei große Schüsseln für die Bowle gefüllt.

Die eine mit, die andere ohne Alkohol. Wer dies nicht wusste und in der Schlange stand, bekam den Saftmix eingeschenkt. Ich war auch eingeladen und wurde eingeweiht. Man konnte die wertvolle Whiskeybowle ja schließlich nicht an jeden ausschenken!

Paddy und Finbar waren wie viele andere: on the dole. Das bedeutet, dass man Arbeitslosengeld bezog. Das war in Irland Anfang der 1990er Jahre gang und gebe. Mit kleinen Jobs konnte immer mal etwas dazu verdient werden. Von Schwarzarbeit sprach dabei niemand. Man lebte von beidem. Das war vom Staat stillschweigend geduldet und wurde nicht kontrolliert. Die Arbeitslosigkeit war sehr hoch, was sich mit dem Erscheinen des „Celtic Tigers", des wirtschaftlichen Aufschwungs, Mitte der 1990er Jahre nach und nach änderte.

Die Veränderungen waren an allen Ecken und Enden zu spüren. Am meisten auf den Straßen und in den Pubs. Das Verkehrsaufkommen (und zahllose Unfälle mit unerklärlichem Hergang) wurde immer größer. Wo vorher gegen 9 Uhr morgens noch niemand in der Stadt, auch keine Autos, zu sehen war, gab es jetzt schon die ersten Verkehrsstaus. Baufahrzeuge und Lieferwagen blockierten die Straßen und immer mehr Pkws wurden zugelassen.

Da jeder parkte, wo er wollte, fing die Stadtverwaltung an, Parkplätze einzuzeichnen. Die Orientierung war jetzt einfacher, wenn man auf der Hauptstraße neben einem bereits parkenden Auto zusätzlich noch seins abstellen wollte.

Die Pubs waren nun auch unter der Woche gut be-
sucht. Viele Jobs wurden hier vergeben. In den Zeitungen waren so gut wie nie Annoncen zu lesen, in
denen Arbeitskräfte gesucht wurden. Alles wurde
im Pub erledigt. So erfüllte John Mc Ging`s Pub alle
Ansprüche eines sozialen Mittelpunkts.
Obwohl es ein kleines Pub war, gingen sehr viele
Leute aller Schichten und Nationalitäten, Touristen, Weltreisende, Farmer und Fischer ein und aus.
Einige Handwerksmeister zahlten hier freitags den
Wochenlohn aus.
Musiker kamen aus allen Ecken der Erde mehr
oder weniger aus Zufall oder durch Mundpropa-
ganda hier her. Eines Nachmittags war ich als ein-
ziger normaler Gast, mit 13 Musikern in der Wirts-
stube.
Hauptsächlich trafen sich Musiker aus den eng-
lischsprachigen Ländern Irland, England, Schottland, USA oder Australien.
Es tauchten immer wieder interessante Menschen
auf die etwas zu erzählen hatten.
Beispielsweise war ein Fischer vom Fischfang aus
Alaska zurückgekehrt und erzählte von den Vor-
gängen auf See und von Riesenkrabben mit unheimlichen Ausmaßen. Langweilig wurde es nie.
Die Zeiten waren sehr entspannt und voller positiver Schwingungen.

WESTPORT TOWN

Das kleine, aber internationale Städtchen liegt im Nordwesten Irlands in der Grafschaft Mayo und hat etwa 5200 Einwohner. 2012 ist es von der irischen Bevölkerung zum lebenswertesten Ort Irlands gewählt worden und ist heute ein richtiger Touristen Hot Spot.

Daran war bei meinem ersten Besuch 1985 nicht im entferntesten zu denken.

Bei der ersten Übernachtung war mein VW Bulli, Baujahr 1957, das einzige Auto in der Bridge Street, einer der Hauptverkehrsstraßen im Zentrum.

Der Abend im damaligen „John Gibbons Pub" war mir unvergesslich und ich ahnte nicht wie viele noch folgen würden.

Es war einer dieser Abende, an denen man sich unterhält, während die Musikanten sich langsam einspielen, und gegen Ende des Abends die Gäste sich mehr der Musik widmen und zuhören, bis nach und nach Beiträge in Form von Gesang, Gedichten oder auch Erzählungen durch die Besucher selbst vorgetragen werden. Bewusst erlebte ich es in diesem Pub, heute das „Conway`s", an diesem Abend zum ersten Mal.

Am zweiten Tag waren meine damalige Freundin Eva und ich, die allerersten Gäste im neu eröffneten Fastfood Laden „Blue Thunder", den es heute noch gibt.

Zu Beginn des „Celtic Tigers", also des wirtschaftlichen Aufschwungs, als auch die Jugendlichen mehr Geld in der Tasche hatten, wurde es, nachdem die Discotheken schlossen, zu einem regelrechten Mekka. Viele wollten einen Burger mit French Fries (Chips), Chicken oder Cheeseburger, die ganze Palette des Junkfoods, genießen. Außerdem war es noch der nächtliche Treffpunkt zum Knutschen oder Abschleppen. So standen, lärmten und lachten am Wochenende bestimmt um die 200 Leute um den „Chipper", mitten im Zentrum, an der großen Uhr. Alles zwischen 3 und 4 Uhr morgens. Zusätzlich hielten dort auch noch die Taxis und wegen des großen Andrangs war es immer ein Kampf um die freien Plätze.

Der Ort selbst wurde Anfang des 18. Jahrhunderts von einem deutschen Architekten planmäßig angelegt. Auftraggeber war der Marquise von Sligo. Dessen Nachkommen ist Lord Altamont, der heute im 150 Hektar großen Anwesen des Westport House lebt.

Zu Zeiten der großen Hungersnot hat die Familie Nahrungsmittel am Octagon, einem der zentralen Punkte in der Stadtmitte, an die Bevölkerung verteilt, weshalb sie heute noch angesehen ist.

Im Stadtzentrum befinden sich unzählige kleine Geschäfte mit bunten Holzfassaden, die einen zum

Shoppen und Flanieren einladen. Da es auch jede Menge gemütlich eingerichteter Pubs (etwa 50) gibt, ist für Männlein und Weiblein ein zufriedenstellender Besuch garantiert.

Vom Bookmaker (Wettbüro) bis zum Undertaker (Beerdigungsinstitut), es ist für jeden etwas dabei.

In der Mitte des Ortes befindet sich ein von Bäumen gesäumter Boulevard, die „Mall", durch den der Carrowbeg River fließt.

An beiden Seiten gibt es schöne Gebäude im georgianischen Stil, wie z. B. das Postgebäude oder das „Olde Railway Hotel", zu bewundern.

Der englische Schauspieler Hugh Grant checkte hier ein, kurz nachdem er sich in Los Angeles von einer Prostituierten oral bedienen ließ und daraufhin zu einer 1500 Dollar Strafe verurteilt wurde.

Entweder wollte er sich von dieser schreienden Ungerechtigkeit erholen, oder nur heimlich die gegenüberliegende St. Marys Kirche zur Beichte aufsuchen, da man ihn in der Öffentlichkeit nur zum Zeitungskauf in Mc Greevy`s Newspaper Shop gesehen hat.

Über den Carrowbeg River hinweg führt eine schöne alte Steinbrücke und eine der Hauptverkehrsstraßen. Von dieser Brücke aus kann man Angler jeder Altersklasse beobachten. Sogar die Forellen sind deutlich zu erkennen, so klar und sauber ist das Wasser, und das mitten in der Stadt.

Es gibt zwei Golfplätze, ein öffentliches Hallenbad, wobei jedes der sechs Hotels noch zusätzliche Hallenbäder aufweisen kann.

Kunst- und Musikfestivals höchster Güteklasse finden in Westport regelmäßig statt.

Die Schönheit der Umgebung und des Städtchens blieb auch den Machern der Rosamunde-Pilcher-Filme nicht verborgen und es entstanden hier einige Folgen. Westport hat sich mittlerweile auch im Damenfußball einen Namen gemacht. Jedes Jahr findet ein internationales Damenfußballturnier an Ostern statt. Es gewinnt seit Jahren Arsenal London, die mit erster und zweiter Mannschaft antreten.

DIDI

hatte ich durch einen Freund kennengelernt, der mir bei meinem ersten Besuch in Irland seine Adresse gab. Sicherlich wäre ich wohl nie nach Irland gekommen, hätte ich Dietmar Körner, genannt „Didi", nicht getroffen und wäre nicht auf seiner Insel gewesen.
Er war in Hamburg Sozialarbeiter für schwer erziehbare Jungs gewesen.
Als er eine Zeitungsannonce mit Verkauf eines Hauses auf einer Insel in Irland las, entschied er sich auszuwandern.

Sein Vater, ein Sparkassenfilialleiter, war schon früh an einem Herzinfarkt erlegen.

Dies half ihm wohl bei der Entscheidung gegen Berufskarriere und für ein genussreiches Leben ohne Stress und mit viel Angeln und Zeitung lesen. Mit dem (Un)Wort Faulenzen, wollte er nie in Verbindung gebracht werden und hatte es gänzlich aus seinem Vokabular gestrichen

Didis Haus ist auf einer Insel drei Kilometer außerhalb Westports in der Clew Bay.

Die Clew Bay ist eine große Bucht von etwa 30 Kilometer Länge und 10 Kilometer Breite. Man sagt, sie habe 365 Inseln. Die größte liegt im Westen und heißt Clare Island (die Heimat des eingangs erwähnten John Gallagher). Sie war Hauptwohnsitz der legendären Piratenkönigin Grainne O`Malley und hat heute etwa 150 Einwohner. Mit einem Fährboot, der „Pirate Queen", kann man übersetzen.

Es gibt einige Privatunterkünfte, ein Hotel und ein Pub, das nie geschlossen ist. Die Rolling Stones waren auch schon mal da...

Für jeden Tag eine Insel, sagt man über die Bucht. Das mag wohl bei Ebbe zutreffen, wenn man jede Erhebung mitzählt. Es sind so etwa zwanzig Inseln, die die Größe haben, dass man darauf wohnen könnte. Bebaut und bewohnt sind nur wenige.

Didis Insel heißt Islandmore. Es gab darauf ein kleines Dorf mit fünf Häusern, von denen zwei in bewohnbarem Zustand waren. Die anderen drei waren mehr oder weniger verfallen, da deren Be-

sitzer vor vielen Jahren nach Amerika auswander-
ten.

Didis Haus stand etwa 200 Meter vom Dorf entfernt auf einer leichten Anhöhe und hatte einen
großen Garten, in dem er so ziemlich alles anbaute,
was man zum Leben braucht.

Es gab Kartoffeln, verschiedene Salate, Spargel, Artischocken, Rote Beete, jede Menge Kräuter, auch
einen Apfel- und einen Birnbaum.

Das Haus selbst hatte drei Zimmer und das Inte-
rieur bestand hauptsächlich aus schönen alten
Holzmöbeln, die aus einem Schiff ausgebaut worden waren und daher sehr schmal waren.

Strom gab es keinen.

Gekocht wurde mit Gas und Licht spendeten Kerzen und eine Paraffinlampe. Die stand auf einem
stabilen Eichentisch, von dem aus man aufs Meer
und den großen Garten schauen konnte. Ganz besonders im Frühling gab einem die Vielfalt der
Pflanzen mit ihren verschiedenen Farben noch ein
zusätzlich paradiesisches Gefühl.

Die ersten Pflanzen, auf die man vom Fenster aus
schauen konnte, waren Artischocken mit ihrem
Grün und dem schönen Lila, wenn sie am Verblü-
hen sind. Direkt hinterm Haus ging es sehr steil
nach oben.

Dort wurde das Gras angebaut und da war auch
der Kühlschrank im Hügel eingegraben, von dem
Didi behauptete, er habe John Lennon gehört und
sei aus dessen Wohnwagen gewesen.

Ich tat immer schwer beeindruckt, wenn er das erwähnte.

Die Toilette war draußen im Garten.

Ein kleiner Verschlag aus Holz mit Wänden aus Blech, in dem eine Tonne stand.

Auf der Tonne war eine Klobrille aufgelegt, worauf man sich setzen konnte, wenn man groß genug war. Es gab kein Vordach.

Man saß mehr oder weniger im Freien und selbstverständlich wurde man nass, wenn es regnete.

Neben der Tonne hing ein Nagel, an dem Zeitungspapier aufgehängt war. Nicht gerade komfortabel, aber in meinem Leben habe ich keine Toilette gesehen die mit dieser Aussicht mithalten konnte.

War die Tonne voll, wurde der Inhalt als Düngemittel verwertet. Das ergab dann das leckere organische Gemüse und Salate, was jeder Gast ausdrücklich lobte. Das wichtigste Düngemittel blieb aber das Seegras, das er am Strand, vor dem eigentlichen Eingang zum Anwesen, nur auf den Schubkarren laden musste und im Garten verteilte. Viele Dinge werden uns auf diesem Planeten geschenkt...

In der kleinen Bucht vor dem Inseldorf hatte Didi eine Austernzucht angelegt und wenn man bei Ebbe durch den Schlamm watete, konnte man auch Miesmuscheln ernten, die an Steinen angewachsen waren.

Außerdem legte er ein Netz aus, das er alle zwei, drei!Tage einholte und nachschaute, ob sich Fische verfangen hatten. Als wir einmal mit Freunden übers Wochenende kamen und gleich nach der Ankunft jenes Netz einholten, waren drei Lachse drin. Leider waren zwei davon, vermutlich von einem Seehund, bereits abgefressen. Trotzdem waren wir begeistert und grillten uns abends Lachssteaks. Dazu gab es selbstgebrautes Bier, das Didi immer von einer großen Glaskaraffe in die Gläser einschenkte.

Die Insel hatte keine Kneipe, da hatte er sich was einfallen lassen müssen. Ein Gemischtwarenladen in der Stadt verkaufte DIY (Do it Yourself) Kits zum Bierbrauen für den Hausgebrauch, Die ersten Versuche sind ihm nicht ganz geglückt - ich konnte nach drei Pints kaum noch das Fenster sehen, vor dem ich saß.

Doppelt soviel Zucker, wie auf der Packung stand, war wohl die Ursache gewesen.

Mit der Zeit klappte es aber immer besser. Das musste es auch, denn das Selbstbrauen war günstig und Geld war immer knapp.

Haupteinkommensquelle für Didi war das große Austernfischen, das einmal im Jahr, im November, für vier, manchmal für fünf Wochen stattfand. Da wurde dann Montag, Mittwoch und Freitag gefischt. Das machte er zusammen mit Ann.

Das ging so vonstatten:

Die Reuse wurde mit einer Seilwinde auf den Meeresboden abgelassen, ein paar Meter mit dem Boot gefahren, wieder hochgezogen und der Inhalt auf ein Brett, das quer über dem Boot festgemacht war, ausgeleert. Das ganze wurde nach Austern durchsucht, die dann in bereitstehende Kisten geworfen wurden. Der Rest wurde ins Meer zurückgekehrt.

Das ging den ganzen Tag so, auch bei stürmischer See. Didis Boot war hochseetauglich. Es gab aber auch kleine Fischerboote, mit denen es sehr beschwerlich war und die keine Seilwinde hatten, was bedeutete, dass die Reuse mit den Händen hochgezogen werden musste.

Über viele Jahre hinweg konnte man eine ganze Armada in der Bucht beobachten.

Mit dem wirtschaftlichen Aufschwung nahm die Anzahl der Boote von Jahr zu Jahr ab. Es gab einträglichere Jobs, die weniger anstrengend und vor allem von Dauer waren.

Im besten Jahr kamen Didi und Ann auf 5000 Pfund. Durchschnittlich waren es um die 3000 Pfund.

Einen Teil hatte Didi für die Instandhaltung des Bootes veranschlagt und den Rest teilten sie. Eigentlich waren es zwei Boote, da man ja noch eines brauchte, um vom Land zum Boot und wieder zurück zu kommen.

Was die Einnahmequellen betrifft, so bekam Didi selbstverständlich auch die „dole", da man als Insulaner aufgrund der Gezeitenwechsel kaum einer festen Arbeit nachgehen konnte.

Kurz vor Weihnachten fuhr er jedes Jahr für einige Wochen nach Hamburg, um die Verwandten zu besuchen und bei Freunden zu jobben.

Manchmal nahm er Gäste gegen Bezahlung mit auf die Insel, bewirtete sie und fuhr sie im Rahmen einer kleinen Rundfahrt durch die Bucht wieder zurück. Die Leute mussten ihm aber sympathisch sein. Ein Kamerateam, welches über ihn berichten wollte, hat er abgelehnt. Kommerz und Publicity war genau das, was er nicht wollte.

Ann arbeitete an den Wochenenden in einem jener netten kleinen Shops, in denen es Wollpullover, Schmuck, kleine Kunstgegenstände und andere schöne Dinge zu kaufen gibt. Diese Art Geschäfte, Anziehungspunkte für Touristen und Einheimische gleichermaßen, sind meist sehr geschmackvoll eingerichtet und im Hintergrund kann man leise irische Folklore z. B. mit Harfen und Flöten, hören, so dass man sich richtig wohl fühlen kann. Es sind regelrechte Ruhepole, in denen ich mich immer gerne aufgehalten habe.

Ann und Didi hatten sich es so eingerichtet, dass sie von Dienstag bis Freitag auf der Insel blieben und aufs Festland kamen, um das Wochenende zu verbringen. Ann zum Arbeiten und Didi zum Guinness Trinken, Zeitung Lesen und Angeln.

Die Gegend um Westport hat jede Menge Seen und Flüsse, in denen man sehr gut angeln kann. Man fängt in erster Linie Hecht (den wegen der vielen Gräten die meisten Iren ablehnen), Barsch und Forelle, mit viel Glück und Geschick auch einen Lachs, was aber selten gelingt. Didi fing meistens Forellen und räucherte sie später auf seiner Insel. Lebensmittel waren der kleinste Posten in Didis Haushaltsposten. Guinness, Tabak, Öl, Diesel und Zeitungen nahmen den Löwenanteil ein.

Ann war fürs Essen in der Stadt und Didi auf der Insel zuständig.

WESTPORT UNITED F.C.

In den ersten Tagen nach meiner Ankunft schlenderte ich des öfteren durch das wunderschöne Städtchen. Es blieb nicht aus, dass ich Leute traf, die ich schon kannte. Nicht nur solche, deren Bekanntschaft ich in den Pubs gemacht hatte, sondern auch Leute vom lokalen Fußballclub.

So traf ich zufällig den Präsidenten, dem ich versprechen musste, die kommende Saison für Westport United aufzulaufen.

Für die hatte ich schon einmal gespielt:

Ich war zum zweiten Mal als Urlauber nach Irland gekommen, hatte mit meiner damaligen Freundin Michaela ein Auto gemietet, wollte Westport kurz besuchen und durchs Land fahren.

Montagmorgens gelandet, fuhren wir gleich nach Westport und besuchten Ann und Didi.

Beiläufig fragte ich Ann, ob sie jemand kenne, der hier im Verein Fußball spielt, und mal nachfragen könne, ob ich mittrainieren könnte. Schon am nächsten Tag sagte sie, dass am Donnerstag 19 Uhr Training im Sportspark sei und ich gerne teilnehmen könne..

Wir gingen hin und ich kickte mit.

Es war schon eigenartig – alle fremd, Dialekt kaum verstanden, aber trotzdem lief es ganz gut, obwohl ich nur mit Turnschuhen spielte und der Boden sehr rutschig war. Zum Schluss bedankte ich mich noch, dass ich mitspielen durfte, und wollte den Platz verlassen. Da rief mich der Trainer zu sich und fragte, ob ich am Sonntag spielen könnte - sie hätten ihr Spiel des Jahres gegen die damals einzige Profitruppe und Irlands beste Mannschaft, Derry City. Die Engländer nennen die Stadt London-derry.

Natürlich war ich total überrascht und erkundigte mich, ob das überhaupt möglich sei, ohne Spieler-pass (in Deutschland undenkbar) und überhaupt müsste ich erst mal meine Freundin fragen, da wir den nächsten Tag weiterfahren wollten. Michaela sagte: „Natürlich, da musst du mitspielen."

Das mit dem Pass war laut Trainer ja auch kein Problem, also sagte ich zu.

Die folgenden Tage verbrachten wir mit Ann und Didi auf der Insel mit Essen und Trinken edelster Güteklasse.

Sonntagmorgen fuhren wir zurück und Treffpunkt war das Woods Hotel zum Tee und Toast mit der Mannschaft. Der Trainer erklärte mir, er würde mich während des Spiels als „Sub"(Substitute), also Einwechselspieler, bringen, womit ich natürlich gerechnet hatte. Ich bedankte mich überhaupt dabei sein zu dürfen.

Dann fuhren wir zum Sportspark, zogen uns um und gingen auf den Platz um uns warmzulaufen. John Coffey, Steinmetz, späterer Freund und Nachbar, hatte mir ein paar Fußballschuhe geliehen.

Nachdem die Aufwärmphase, etwa 20 Minuten, vorbei war, wurden wir dann zur Besprechung in die Kabine gerufen, wo sofort eine Diskussion begann, von der ich so gut wie nichts verstand, obwohl mein Englisch eigentlich nie allzu schlecht war. Jedenfalls wurde mir nicht im geringsten klar, worum es ging.

Als dann plötzlich Ruhe einkehrte, sprach der Trainer zu mir, dass die Mannschaft beschlossen hat, dass ich von Anfang spielen solle... „Hier ist das Trikot mit der Nummer 2. Du spielst rechten Verteidiger. Das ist der einzige Platz, der frei ist", und warf es mir zu.

„Dein Name ist jetzt Paddy Fischer!
Falls der Schiedsrichter dich fragt."

Ich war total platt. Wie konnte das kommen?

Die hatten vier Einwechselspieler, für die es sich doch unverständlich und ungerecht anfühlen musste, nicht von Beginn an zu spielen. Da kommt ein Typ aus Deutschland, auch noch im Urlaub, hat mit dem Verein gar nichts zu tun und wird aufgestellt.

Aber so denken Iren nicht. Die besten Elf sollten aufgeboten werden und da gehörte ich nach Meinung aller dazu. Auch die Ersatzspieler dachten so. Ich spielte also von Beginn an.

Wir waren fast ebenbürtig und konnten das Spiel einigermaßen ausgeglichen gestalten. Da wir in Rückstand lagen, wechselte ich dann kurz vor Schluss nach vorne in den Sturm. Ich konnte ein paar Abwehrspieler ausspielen, passte quer im

Fünfmeterraum zu einem Mitspieler, der genau in dem Moment stehen blieb, als ich ihn anspielen wollte. Selbst wollte ich das Tor nicht schießen. Ich wollte unbedingt einem anderen den Vortritt lassen. Aber so war diese gute Möglichkeit vertan. Viel mehr Chancen gab es dann nicht mehr und es blieb es bei einer knappen 2 : 1 Niederlage.

Am nächsten Tag stand in der Zeitung: Jurgen Fischer, who was on his holidays from Germany, lost his chance of glory... an mehr kann ich mich leider nicht mehr erinnern. Ich hätte wohl das Ding doch am besten selbst rein gewuchtet, aber das wäre für mich nicht gentlemanlike gewesen. Trotzdem war die Resonanz sehr gut und alle zufrieden. Abends im Pub sowieso.

Didi, Ann, Padraigh und Michaela während des Spiels im Sportspark.

Ein halbes Jahr später, als die internationalen Ergebnisse im Fernsehen eingeblendet wurden, las ich: Derry City – Benfica Lissabon 0 : 0, also war Derry City immerhin Europapokalteilnehmer.

Halbzeit... Atempause

Viele Jahre nach diesem Spiel hab` ich in den Vereinsannalen von Westport United nachgeschaut und - für mich überraschend - wurde dieses Spiel erwähnt, denn es war zum 75-jährigen Vereinsjubiläum und Westports damaliger Trainer war der ehemalige irische Nationalspieler John Herrick.

AUF DER INSEL

Die ersten Tage gingen dann auch schnell vorbei und es zeigte sich, dass das um etwa 1900 gebaute Holzboot, ganz frisch gestrichen - weiß, mit einem roten Streifen – auch dicht war. Vorerst.
Also konnte ich auf meine Insel, Namens Inish Gowla, übersetzen.
Ann gab mir einen ihrer Hausschlüssel, falls ich wetterbedingt in der Stadt festsitzen würde, ich immer eine Bleibe hätte.
Das war natürlich eine tolle Überraschung.
Den Gedanken, auf dem Festland festzustecken, hatte ich bisher bewusst verdrängt. Die Abenteuerlust sollte bei allem immer ausgelebt werden und an erster Stelle stehen. Dank Ann hatte sich ein ganz sicher irgendwann auftretendes Problem gelöst.
Ich werde ihr das nie vergessen.
Didi half mir beim Ausladen meines R4s und wir packten alles in sein rotes Holzboot mit Außenborder, eine Abdeckplane obendrauf, und mein Boot hängten wir hinten dran. Dann fuhren wir rüber und mussten schon wieder ausladen, was uns nasse Achseln und Schweißperlen auf der Stirn einbrachte.

Didi musste dann auch bald fahren, da die Ebbe langsam kam und er noch drei Kilometer auf dem Meer zurückzulegen hatte, um zu seiner Insel zu gelangen.

Als ich ihn zum Boot geleitete, entdeckte ich auf dem Boden einen relativ großen, flachen Knochen und fragte Didi, wem der wohl gehört hatte. Didi meinte, er stamme von dem letzten Deutschen, der hier gelebt hat. Wir verabschiedeten uns, indem wir beide die Daumen hochhielten, und er tuckerte davon.

Ich war allein.

Der Wunsch allein auf einer Insel zu wohnen war Wirklichkeit geworden.

Es hatte eine Weile gedauert, die Idee umzusetzen.

Wann ich sie zum ersten Mal hatte?

Schwer zu sagen.

Spätestens, als ich bei meinem ersten Besuch drei Tage auf Islandmore bei Didi verbracht hatte. Wahrscheinlich aber schon viel früher. Wie vielleicht jeder bestimmt irgendwann mal gesagt hat, er würde gerne alleine auf einer Insel leben.

In Irland hatte ich immer das Gefühl, dass der Richtige an seinem Platz sitzt. Und am richtigen Platz war ich jetzt auf jeden Fall für mich. Probleme mich zu beschäftigen hatte ich auch nicht. Da ich auch keine Probleme mit mir habe, wenn ich nichts mache, konnte eigentlich nichts schief gehen. Während ich begann, meine vielen Taschen und Kartons auszupacken, lief noch einmal die ganze Fahrt mitsamt den ganzen Vorbereitungen, wie ein kleiner Film vor mir ab.

Vor allem, es mit solch einem schrottreifen R4 Kastenwagen ohne Probleme von Speyer bis zur Nordwestküste Irlands geschafft zu haben, erfüllte mich mit Genugtuung. Man sah dem Wagen die 17 Jahre die er auf dem Buckel hatte, ziemlich an. Er hatte immerhin drei verschiedene Farben. Man hätte sagen können, die Grundfarbe war Rot, ein Flecken hellblau und ein nicht unbeachtlicher Teil undefinierbar. Das kam wohl daher, dass er mal sehr großer Hitze ausgesetzt war und mehrere Farben ineinander verschmolzen waren. Da man auch verkohlte Stellen erkennen konnte, war anzunehmen, dass er mal gebrannt hatte. Wenn auch nur kurz, da nur die Vorderfront dieses Farbgemisch aufwies. Er hatte auch noch andere Eigenschaften. Das Schloss der hinteren Tür des großzügigen Kofferraumes war kaputt. Man konnte es nicht schließen und es klapperte beim Fahren. Mit einem Seil, welches diagonal vom Schloss bis zur vorderen Beifahrertür reichte und an dessen unterem Gestänge verknotet, war dieses unbedeutende Problem leicht gelöst. Es bedeutete aber auch, dass die Tür immer eine Hand breit offen stand und es beim Fahren immer quer durchs Auto zog. Da aber die Heizung ständig Wärme spendete, fand immer ein Kälte - Wärme Austausch statt und die selbstverständlich fehlende Klimaanlage wurde somit lässig ersetzt. Ebenfalls musste der Aschenbecher nie geleert werden.

Die letzte nennenswerte Feinheit bemerkte ich erst bei der Abfahrt. Mit zunehmen Erhöhung des Ladegewichts sackte der ganze Kasten auf der rechten hinteren Seite immer mehr aufs Hinterrad. Es blieb nur noch sehr wenig Spiel zwischen Reifen und Kotflügel. So musste ich leider eine Holzkiste ausgesuchter Bücher zu Hause lassen. Die Entdeckung erschreckte mich doch ziemlich, noch mehr als meine Mutter, die ohne Frage die ängstlichere von uns beiden ist, die Tragweite der Entdeckung aber sicher nicht abschätzen konnte. Sie war ja auch mit ihrem Fotoapparat beschäftigt – noch schnell ein paar Abschiedsfotos – die aber leider nie den Status des vollentwickelten Bildes im Familienalbum erreichten. Der Film riss bei der Entnahme. Dann gab es die Abschiedsbussis von Mutti und Vati und es ging los.

Schon das Verlassen des Trottoirs ließ die Karosserie auf den Hinterrädern aufsetzen und der ganze Kasten schwankte und bremste das Anfahren. Ganz vorsichtig kroch ich um die ersten Kurven. Ich fuhr so langsam, das ich jedes Mal, wenn das Lenkrad wieder gerade einschlug, geniert zum Seitenfenster hinaus schielte ob mich auch kein Fußgänger überholt hatte.

Schließlich erreichte ich die Autobahn. Jener Spielplatz an dem jeder seinen Status einnehmen kann, den er, materiell wie intellektuell, gerne in der Gesellschaft inne hätte. Hier wollen viele Leute tatsächlich ihre Stärken zeigen. Mit Objekten, die sie mehr als ihre Frau lieben, können sie jetzt mal dem Vordermann so richtig Druck machen.

Wie im Geschäft, wo nach unten gedrückt und nach oben geduckt wird.

Schwierig für mich. Schlechte Karten mit meinem erst vor 4 Tagen (für 450 DM) gekauften Schrotti.

Mit der Ummeldung hatte es am Morgen zum Glück geklappt. Der TÜV lief genau heute am Abfahrtstag aus.

Das mit dem nach unten Drücken bekam ich zu spüren. Da ich wegen der Überladung nur etwa 80 Stundenkilometer fuhr, blieb ich immer sehr weit rechts auf der Fahrbahn, um kein Hindernis zu sein. Oft fuhr ich halb auf dem Standstreifen, halb auf der Autobahn. Mit dem anscheinend nicht gesellschaftsfähigen Wagen zog ich mir Hass und Aggressionen zu. Hinter mir wurde aufgeblendet, gehupt, Vogel gezeigt und eng aufgefahren. Dabei war nicht viel Verkehr und alle konnten bequem vorbeifahren. Am schlimmsten waren die LKW – Fahrer. Sie wollten mich regelrecht von der Straße kicken. Der letzte LKW – Fahrer verfolgte mich mit seinem 30 Tonner einige hundert Meter, aufgeblendet mit Abstand von 2- 3 m nur und ich konnte sogar sein rotes, hasserfülltes Gesicht sehen.

Mangels Gewehr, konnte ich leider nicht auf ihn schießen. Irgendwann fuhr auch dieser „Unsympathisant" seine nicht erlaubten 120 Km/h und ließ mich nach und nach zurück. Bald hatte ich die belgische Grenze erreicht, wo der Druck, der auf mir lastete, langsam nachließ. So gerne wie diesmal hatte ich die Landesgrenze noch nie überquert.

Nach wenigen Kilometern überholte mich ein Peugeotfahrer, blieb für einen Moment auf meiner Höhe, blinzelte zu mir herüber und zeigte mir seinen hoch erhoben Daumen und zollte mir auf diese Weise seinen Respekt, mit so einer Kiste unterwegs zu sein!

Erleichtert habe ich mir dann den ganzen Stress rausgekichert und hatte fortan das Gefühl, nicht ganz alleine unterwegs zu sein.

Dieses Erlebnis hat mich sehr schnell wieder aufgebaut. Die Fahrt durch Belgien ging auch ohne nennenswerte Ereignisse ab. Kurz vor Calais erreichte ich die französische Grenze. Für nur wenige Kilometer musste ich Maut bezahlen. Es waren fast 50.- DM. Nach der Mautstelle wurde ich sofort von den Flics zur Seite gewinkt.

„ Haben Sie Haschisch dabei"? fragten sie mich. Als ob es jemals jemanden gegeben hätte, der die Frage mit ja beantwortet hätte. Ich musste meine Hosentaschen ausleeren und er schnüffelte in meinen unzähligen Kartons mit jeder Menge Alkohol wie brasilianischen Zuckerrohrschnaps (acht Liter), mehreren Flaschen Weißwein, einer fünf Liter Flasche Chianti usw. herum.

Wer soviel säuft, muss wohl auch Dope dabei haben, haben sie sicherlich gedacht, aber sie fanden nichts. Als sie Ausweis und Papiere gesehen hatten, ließ in dem Chaos des vollgeladenen R4s auch schnell der Ehrgeiz der beiden nach.

Weiter ging es mit der Fähre nach Dover. Dort meldete ich mich beim Besitzer des einzigen Hauses auf der Insel, William O`Reilly, in London und kündigte meine Ankunft gegen 1 Uhr nachts an.

Es wurde etwa 2 Uhr wegen des starken Regens, der Dunkelheit und der fehlenden PS. Da er nur einen km von Victoria Station entfernt wohnte, war seine zweistöckige Wohnung relativ leicht zu finden. Ich kannte das Haus von einem Kurzbesuch einige Monate vorher.

William empfing mich frisch und gut gelaunt, obwohl es schon so spät war.

Er war von Beruf Schneider und besaß einen Laden in der City und Häuser in Dublin, Ibiza und Westport. Er war schwul (was ich zu diesem Zeitpunkt noch nicht wusste) und fuhr sehr auf die Königsfamilie ab. Später fand ich im Haus auf der Insel Teeuntersetzer, auf denen die Vermählung von Lady Diana Spencer und Sir Prince Charles bekannt gegeben wurde, mit Datum und Königswappen.

Er bewegte sich und sprach in einer aristokratischen Art und Weise, die mir Spaß machte.

William reichte mir Tee, mit einem, wie es sich für ihn gehörte, edlen Snack, bestehend aus Rahmsößchen an Hühnchengeschnetzeltem im Fladenbrot.

Wir unterhielten uns auch sehr angenehm über das Landleben und die hektische Großstadt und wie sehr doch die Industrie die Umwelt in Mitleidenschaft zieht.

Ich bezahlte dann noch 2 Monatsmieten im Voraus und eine dritte als Kaution. Nach knapp einer Stunde fuhr ich weiter. Mit höchstens 40 Km/h kroch ich durch London, denn es regnete, als ob die Welt untergehen würde.

Der Spruch: „It`s raining cats and dogs" ist bestimmt an so einem Tag erfunden worden. Meine Scheibenwischer nahmen zwar den Kampf gegen die übermächtigen Wassermassen mutig auf, blieben aber immer 2. Sieger. Ich sah fast nichts. Da ich auch noch links fahren und auf die Straßenschilder achten musste, fing ich regelrecht an zu schwitzen. Aber ich schaffte es nach ungefähr einer Stunde die nördlichen Außenbezirke zu erreichen und gelangte auf die N 2 Richtung Birmingham.

Nach drei weiteren Fahrstunden wurde das Benzin langsam knapp. Ich musste zum Tanken erst einmal Geld wechseln, was morgens um 6 Uhr nicht einfach ist. Bei zwei Tankstellen hatte ich es schon probiert, in harter D – Mark zu bezahlen. Die wollten sie aber nicht. Da sich meine Tanknadel immer mehr dem Ende neigte, musste ich eine Stadt aufsuchen und es dort eventuell in einem Hotel versuchen.

Ich sah das Ausfahrtschild: Rugby.

Dies erschien mir geschichtsträchtig genug.

Immerhin konnte ich jetzt erzählen, dass ich mal in der Stadt gewesen bin, wo dieser herrliche Sport seinen Ursprung fand. Es ist nicht nur etwas für zahnlose Schläger, die treten und beißen, nein, es gibt auch Mannschaften, die mit System und Intelligenz diese Sportart betreiben. Außerdem soll es den Charakter und Teamgeist stärken und ist in den höheren Gesellschaftsschichten sehr angesehen. Studenten an den bekannten Universitäten hilft es schon frühzeitig, Kontakte und Beziehungen zu schaffen, die später in der beruflichen Karriere von Vorteil sind und meist ein Leben lang halten. Für Deutsche ist das nur sehr schwer vorstellbar, sich im Schlamm und Dreck zu wälzen und auch noch für den Mitspieler Kopf und Kragen zu riskieren.

Im Stadtkern gab es ungewöhnlich viele Sportgeschäfte ausgestattet mit Rugbyshirts, Bällen, Schuhe usw.

Eines hatte sogar Urkunden aus dem 18. Jahrhundert, die beschreiben wie das Spiel entstand.

Ein Handball - Fußball ähnliches Spiel zwischen zwei Dörfern hatte ein Spieler entschieden, indem er den Ball unter die Arme klemmte, durch Freund und Feind hindurch, ohne dass er von irgendjemandem gestoppt werden konnte, nach Hause in sein Heimatdorf rannte.

Schon war etwas Neues entstanden!

Die Hotels konnten auch nicht wechseln, also wartete ich, bis die Banken öffneten. Solange schlenderte ich noch durch dieses nette Städtchen, bis ich endlich tanken und weiterfahren konnte.

Der Fährhafen Holyhead, der in Wales liegt, war mein nächstes Ziel. Erst jetzt bemerkte ich, dass auf meiner sehr oberflächlichen Europakarte Holyhead nicht eingezeichnet war.

Noch beunruhigte es mich nicht sonderlich, da ich schon einmal nach Oslo über Dänemark gefahren war und gar keine Karte dabei hatte. Damals warf ich ein paar Tage vorher einen Blick auf meinen Atlas und gut wars. Ich hatte mich nicht verfahren. Doch diesmal versäumte ich dies und Holyhead ist nicht Oslo. Auch hielten sich die geographischen Kenntnisse der Waliser (zumindest die ich befragte), leider sehr in Grenzen. Obwohl es nicht zu den größten Ländern der Erde gehört, konnte mir niemand (ich befragte vier Passanten) sagen, wo es lang ging. Richtung Nordwesten war auf jeden Fall richtig. Ich fuhr bis ein Schild 30 Meilen Liverpool ankündigte. Dann bog ich nach Westen ab und erreichte eine Küstenstraße. Immerhin konnte ich jetzt das Meer sehen und bald das erste Holyhead Schild. Ich hatte einen großen Umweg gemacht.

Im Hafen angekommen, musste ich das Datum ändern lassen, da sich die Abreise um einen Tag verzögert hatte. Ein walisischer Angestellter, der sehr schlecht gelaunt war, sagte beim Einchecken nur: „ungültig". Aus vergangenen Fährfahrten wusste ich aber, dass ein Ticket 12 Monate gilt. Ich suchte also ein Büro auf und ließ es umschreiben. Danach ging ich wieder zurück zum R4, setzte mich in den Fahrersitz und nickte ein.

Nach 33 Stunden ohne Schlaf.

Durch sanftes Klopfen an der Windschutzscheibe wurde ich von einem Hafenangestellten geweckt. Vor mir der ganze Parkplatz leer, der vorher voller Autos stand. Somit war ich der letzte, der auf die Fähre fuhr. Ich hatte auch gleich einen riesigen

Empfang. Als ich in den Schiffsbauch einfuhr, standen etwa ein Dutzend Zöllner nebeneinander und unterhielten sich.

Nachdem ich in ihr Blickfeld geriet, erstarb sofort jedes Gespräch und sie bogen sich vor Lachen, und manche fingen an zu klatschen. Als ich sie dann unter tosendem Beifall passierte, trat noch einer aus der Gruppe hervor, machte einen Knicks und winkte mich mit breitem Grinsen salopp weiter.

Da ich in absehbarer Zeit auch noch ein Guinness trinken konnte, stieg meine Laune kometenhaft an. Außerdem war ich nun auf der Fähre nach Irland.

Auf der „St. Pat" spürte ich schon langsam die Veränderung. Die meisten Leute bewegten sich ohne Eile und die „Barmen" hatten ein „Smile" an ihre Kunden zu verschenken.

Außer dem monotonen Motorengeräusch war wenig Lautes zu hören. Nur angenehm gedämpfte Stimmen. Ich trank Guinness an der Bar und war sehr zufrieden mit dem Verlauf der bisherigen Fahrt. Praktisch hatte ich Irland erreicht, wenn die Fähre nicht unterginge. Ich machte mir Gedanken über das Gefühl der Sicherheit, das sich bei mir eingeschlichen hatte. Ein mir kaum bekanntes Gefühl, da ich darauf bisher noch nie Wert gelegt hatte. In Deutschland beherrscht das Sicherheitsdenken in vielerlei Hinsicht die Handlungsweisen der Menschen. Wie sonst sind 40 Dienstjahre in einem schlecht gelüfteten, muffigen Amt zu erklären? Wo liegen die Beweggründe? Oder „Spaß am Umgang mit Menschen", obwohl man oft genug unfreundlich behandelt wird? Der allgemeine Tenor ist dann auch noch: Der oder die hat einen guten Job. Alles Dinge, mit denen ich nichts zu tun haben wollte. Die Rente lag auch noch in weiter Ferne. Sicherheit war für mich gleichbedeutend mit Eintönigkeit und Langeweile. Das war so ziemlich das Letzte, was ich meinem Leben wünschte.

In Dun Loaghaire mit einem herrlichen Sonnenuntergang angekommen, lagen noch 250 Km über hügelige, unbeleuchtete Landstraßen und viele kleine Ortschaften vor mir. Die Augen brannten schon seit Stunden, aber ich wollte unbedingt ohne Pause durchfahren. Mit Zigaretten und Orangensafttrinken hielt ich mich wach. Gegen 3.30 Uhr kam ich in Westport an. Dort fuhr ich die High Street hoch und hatte es geschafft. Ich warf ein paar kleine Steine ans Fenster der Nummer 21 und bald darauf wurde mir geöffnet.

Jetzt war ich also hier auf der Insel mit dem Namen Inish Gowla, was auf Gälisch: die Insel der Wildgänse bedeutet.
Sie war etwa 700 Meter lang und 200 Meter breit. Die Entfernung zum Festland beträgt nur etwa 600 Meter. Um mein Boot vor Stürmen sicher anzulegen musste ich meistens noch 300 Meter weiter in eine kleine Bucht rudern. Das hört sich zwar sehr nahe an, ist aber bei starkem Wind, und windstille Tage sind an der Küste sehr selten, mit einem ziemlichen Kraftaufwand verbunden. Da ich ruder-

te, bekam ich bald einen erschreckend muskulösen Oberkörper.

Obwohl mir Didi später einen Motor, einen 1,2 PS starken „Seagull", lieh, bin ich nie damit zum Festland gefahren. Überhaupt hatte der Motor bei mir nur zwei Einsätze.

Die nächste Insel in westlicher Richtung hieß Dorinish Inish, die einmal John Lennon gehört hat und eine Zeitlang von Hippies bewohnt war. Dazu später mehr.

In südlicher Richtung lag Inishraher. Diese Insel war von einer Rinderherde bewohnt und besaß eine steile Erhebung an der Ostseite, wo sich auch das einzige Haus, leider eine Ruine, befand. Es wäre schön gewesen, hier einen Nachbarn zu haben. Vor dem Haus und auf der zu mir zeigenden Nordseite hatte die Insel auch noch zwei wunderschöne Strände.

In östlicher Richtung gab es nur noch eine Erhebung, einen großen Felsbrocken mit etwa 20m Durchmesser, der Scotsman`s Head genannt wird. Ansonsten etwa 3 Kilometer Meer, bis in den Hafen von Westport.

Das Haus hatte einen Hauptraum in der Mitte mit einem großen Kamin und Betonboden, drei Schlafzimmer, alle mit Holzböden und Holzdecken, eine Küche, ein Bad mit Dusche und Toilette mit Spülung. Wasserspender war der Himmel.

Das Regenwasser wurde in einem großen Betonbehälter außerhalb des Hauses gesammelt.

Gekocht wurde mit Gas. Strom gab es keinen. Als Lichtspender hatte ich eine große Paraffinlampe und Kerzen.

Außer dem Bad besaß jedes Zimmer einen Kamin. Der Kamin in der Küche erhitzte dafür das Wasser.

In der ganzen Zeit auf der Insel hab ich nur einmal versucht, heiß zu Duschen und den Kamin angemacht. Ich hatte dann immerhin für zwei Minuten lauwarmes Wasser.

Am ersten Abend kochte ich mir noch ein italienisches Fertiggericht und ging früh schlafen.

Die erste Nacht schlief ich sehr gut. Ich wachte gutgelaunt auf und freute mich auf die neuen Dinge, die auf mich zukommen sollten. Am wichtigsten war mir, endlich einen Tagesablauf zu haben, den nur ich bestimmte und niemand anders. Diesen Luxus haben nur wenige. Immer gibt es Einflüsse von außen. Das war auf der Insel, mit mir als einzigem menschlichen Bewohner, kaum möglich.

Für morgens hatte ich mir Sport verordnet. Ich zog meinen Jogginganzug an und machte einen kleinen Lauf auf der Grasfläche um die Insel. Danach noch ein paar gymnastische Übungen vor dem Haus. Rückengymnastik, auf dem Bauch liegend. Linker Arm gestreckt, rechtes Bein gestreckt und nach oben wippen. Dann rechter Arm und linkes Bein. Jeweils 10 mal. Insgesamt vier Durchgänge. Nicht besonders ehrgeizig, aber man kann ja steigern.

Ich probierte die Dusche aus. Da ich den Kamin nicht befeuert hatte, war das Wasser natürlich kalt. Hab´ mich deshalb auch nicht ganz drunter gestellt.

Dann gab es Frühstück mit Käse, Marmelade und Pfefferminztee.

Den Rest des gesamten ersten Tages widmete ich ausschließlich dem größten Kamin. Hinterm Haus war ein kleiner Schuppen mit etwas Brennholz, das ich ins Haus schaffte, und zusätzlich entdeckte ich noch einen großer Bastkorb voller Torf mit ein paar Briketts.

Das Holz war leider feucht und das Feuer blieb vorerst nur Qualm. Mit Hilfe eines großen Würfels „Firelighter" brachte ich das Ganze dann doch noch schön zum Brennen. Ich blieb den ganzen Tag im Haus und beobachtete das Feuer und verbrannte alles, was ich als Brennmaterial zu Verfügung hatte.

Am zweiten Tag ging ich auf Inspektionstour.

Alles war neu, da ich vorher noch nie am Meer gelebt hatte. Das Kommen und Gehen des Meeres veränderte den Küstenstreifen und täglich war neues Strandgut zu beobachten.

Hinter dem Haus, an der breitesten Stelle der Insel, befand sich ein breiter Sandstrand, auf dem man bei Ebbe über 100 Meter weit hinauslaufen konnte. Ein perfekter Platz zum Baden.

Fast jeden Abend setzte ich mich am westlichen Ende auf die Landspitze und genoss das Naturschauspiel des Sonnenuntergangs.

Es gab derer viele, da das Wetter es sehr gut mit mir meinte. Die ersten Wochen war es königlich. Es regnete kein einziges Mal. Ich machte mir schon

Gedanken, ob der Wasserspeicher ausreichend sei, aber es gab keine Probleme.

Wenn man bedenkt, dass ein Deutscher 120 Liter Wasser am Tag verbrauchen soll, frage ich mich, wie das möglich ist.

Ich ging sehr sparsam damit um.

Da ich keinen Fernseher und kein Radio hatte, brauchte ich zumindest einige Bücher. Leider konnte ich ja wegen des Gewichtes nur einige wenige mitnehmen. „Herr der Ringe" war unter den auserwählten und sozusagen eine immerwährende Begleitlektüre. Vor dem Einschlafen las ich noch ein oder zwei Seiten und bildete mir ein, wegen der schönen Beschreibungen und der Wortwahl einen besseren Schlaf zu haben. Ob deswegen oder nicht, ich schlief göttlich und tief. Nur gegen Morgen, wenn es wärmer wurde, fing das viele Holz am Boden und an der Decke an zu arbeiten. Es knackte. Es knackte sogar ziemlich oft und ziemlich laut. Die ersten vierzehn Tage hatte ich schon ein wenig Schiss. Mit Überfällen war nicht zu rechnen. Davor hatte ich keine Angst. Höchstens vor der Enttäuschung und Wut der Räuber, die nichts Wertvolles vorfinden würden.

Ich hätte ihnen nur die Zeit als mein wertvollstes Gut anbieten können. Davon hatte ich genug.

DAPHNE DELIGHTS

Nachdem ich mich mehrere Tage auf der Insel aufgehalten hatte, war mir wieder nach Gesellschaft zumute. Ich machte mich auf ins Städtchen.

Einige Bekannte wussten aufgrund des Spiel gegen Derry City das ich Fußballspielen konnte, weswegen ich für ein Kneipenfußballturnier eingeladen wurde. Vermutlich hatte sich auch herumgesprochen, dass ich, wenn auch nur kurz, einmal Profifußballer gewesen war.

In der Saison 1982/83 spielte ich beim SV Waldhof Mannheim. Trainer war der mittlerweile legendär gewordene Klaus „Schlappi" Schlappner. Es war das Jahr in dem der SVW in die Bundesliga aufstieg. Leider fast ohne mich. Schon im ersten Spiel in dem es um etwas ging, das Endspiel um die deutsche Nachwuchsrundenmeisterschaft gegen Borussia Mönchengladbach rasselte ich kurz vor Ende der 1. Halbzeit mit Uli Borowka zusammen, blieb im Rasen hängen und hatte einen Bänderriss. Heute ist das schnell operiert und kuriert. Damals bedeutete das eine Pause von mindestens sechs Wochen. Als ich dann wieder fit war und das erste Mal wieder zumindest auf der Bank sitzen sollte, kugelte ich mir im Training die Schulter aus. Die gleiche Verletzung hatte ich vorher schon mehrmals erlitten, als ich noch beim FV Speyer als Amateur spielte. Die Operation, der ich mich unterzog, hatte dies leider nicht verhindern können.

Nach mehreren Wochen Gips um den gesamten Oberkörper kam ich dann zu meinem einzigen Einsatz. Einige Tage später wachte ich morgens auf und die Schulter war erneut ausgekugelt!

Ich spielte dann am Abend noch im Nachwuchsrundenspiel gegen den 1.FC Kaiserslautern, wurde aber in der Halbzeit wegen meiner offensichtlichen Behinderung (ich hielt den Arm immer am Oberkörper angewinkelt) ausgewechselt und zum Arzt geschickt. Eine zweite Operation wurde notwendig. Man wollte aus dem Schienbein ein Stück Knochen herausnehmen und es an der Schulter ansetzten.

Da ich bei der ersten Operation wochenlang Schmerzen hatte, glich die Vorstellung einem Albtraum. „Schlappi" telefonierte mit jeder Menge Ärzte deutschlandweit, aber es gab keine Alternative. Das konnte ich nur ablehnen. Bei einigen Mannschaftskameraden wie auch in meinem Freundes-und Bekanntenkreis löste dies fast nur Unverständnis (bis heute noch) aus.

Die Chancen standen wohl gar nicht so schlecht, es vielleicht irgendwann geschafft zu haben.

Bei den Probetraingstagen trainierte ich zusammen mit Uli Stielike , der damals bei Real Madrid und der deutschen Nationalmannschft spielte. Da die Weltmeisterschaft 1982 in Spanien anstand, war die Liga in Spanien wegen der Stadionerneuerungen früher beendet als in Deutschland und Uli musste einige Wochen überbrücken. Er hielt sich beim SV Waldhof, seinem Heimatverein, in dieser Zeit fit. Da wir beide keine offiziellen Mannschafts- mitglieder waren, machten wir alle Übungen zu- sammen. Als er dann zur Nationalmannschaft reis- te, ich mich von ihm verabschiedete und ihm alles Gute für die Weltmeisterschaft wünschte, sagte er: „Wir sehen uns sowieso wieder". Auch Schlappi er- zählte mir, dass Uli wohl von mir sehr angetan war. Eine andere sehr positive Resonanz bekam ich so- gar von meinem Idol aus Jugendtagen einige Wo- chen später.

In Mannheim fand ein Turnier statt bei dem der 1.FC Kaiserslautern, der VFR Mannheim, wir und der Hamburger SV teilnahmen. Der Hamburger SV war damals gerade Europameister der Landes- meister, heutzutage Champions League Gewinner, geworden und deren Manager hieß Günter Netzer – mein Lieblingsspieler. Nach unserem Spiel gegen den VFR Mannheim kam ein Betreuer des SV Wald- hof zu mir und sagte: „Herr Fischer, ich wollte Ih- nen nur mitteilen, der Herr Netzer hat sich bei uns nach Ihnen erkundigt. Er wollte wissen, wer der Spieler mit der Nummer 11 gewesen war." Das war ohne Zweifel ich gewesen.

Trotz all dieser Erlebnisse, die mir als Junge wie ein Traum vorgekommen wären, entschied ich mich gegen eine Operation und mein Traum als ge- standener Fußballprofi blieb unerfüllt.

Immerhin habe ich einen kleinen Einblick ins Profi- fußballgeschäft erleben dürfen. An das eventuell verdiente Geld verschwendete ich überhaupt keine Gedanken, weil mir das tatsächlich völlig egal war. Ich wollte mich nur mit den Besten messen können und erfahren wo meine Grenzen liegen.

Ab und zu kommt auch heute noch etwas Wehmut auf. Natürlich denkt man, was wäre gewesen wenn... usw., aber mein Leben wäre komplett anders gelaufen und viele schöne Dinge wären mir wohl vorenthalten geblieben. Der Fußball bescherte mir aber Dinge, die mit Geld, Erfolg und Ruhm nichts zu tun haben. Wie viele anderen Kicker, die es „nicht geschafft" haben, spielte ich zwar weiter Fußball, aber nur noch im Amateurbereich.

Ich sollte also für ein Team namens „Daphne Delights" spielen.

Die Mannschaft bestand ausschließlich aus Kiffern und Trinkern, was ich nicht wusste, mir aber auch egal gewesen wäre.

Ein interessierter Zuschauer befragte mich, für wen ich denn spielen würde, als ich mit Gymnastik und Aufwärmübungen begann: „You play for the Hippies", sagte er und lachte mich regelrecht aus.

Ich lief mich weiterhin warm wie zu einem Punktspiel und ignorierte diese abwertende Aussage.

Der Rest der Mannschaft beobachtete das Vorspiel und stand rauchend an der Seitenlinie, um den Schlusspfiff abzuwarten.

Ich sprintete derweil auf und ab und machte mich fit. Nicht umsonst. Wir gewannen 2:1.

Es war der erste Sieg dieser Mannschaft überhaupt. Normalerweise gingen die Spiele zweistellig
negativ aus. Das wussten alle außer mir.

Am Abend gab es einige Freigetränke im heutigen
„Bould Biddys", da das Team für dieses Pub ange-
treten und der Wirt außer sich vor Freude war.

Tobar, der Torhüter und Erfolgsgarant für den
Sieg, verließ den Sportspark leider unmittelbar
nach dem Schlusspfiff, weil er bei einem Tug-a-War
(Tauziehen) Wettbewerb schon als Teammitglied
eingeplant war. Er gewann auch diesen Wettbewerb mit seinen 17 Mannschaftskameraden. Ich
habe heute noch seine Medaille, die er mir später
als Erinnerung überließ.

Bis zu diesem Zeitpunkt waren höchstens 30 Zuschauer im Sportspark gewesen. Das Turnier ging
über zwei Tage und offensichtlich sprach sich die
Sensation herum. Denn am nächsten Tag waren
schon am Morgen über 100 Zuschauer da. Außer
über unsere Trikots (Zwei Pferde beim
Kopulieren), lachte niemand mehr über die Daphne Delights. Zumindest nach außen hin nicht. Keiner konnte glauben, dass die Hippies sportlich etwas auf die Reihe bringen würden. Alleine schon
optisch. Keiner hatte Stutzen an, fast alle rauchten
im Sportdress bis zum Anpfiff, aber Ehrgeiz zeigte
die Mannschaft. Das machte Laune. Das wollten einige Leute sehen. Wir hatten schon genug Punkte
für das Viertelfinale. Es wurde also spannend. Das
Spiel um den Einzug ins Halbfinale war wohl das

dramatischste des gesamten Turniers. Wir waren dreimal im Rückstand und konnten dreimal ausgleichen. Die Zuschauer tobten. Es war richtig aufregend gewesen. Am Ende verloren wir aber 5 : 3. Die vielen Zuschauer hatten ihr Kommen nicht bereuen müssen.

Wir auch nicht unsere Teilnahme. Es gab für unser Team sogar kleine Geldspenden, die abends versoffen wurden.

JÜRGEN TRIFFT JÖRGEN

Etwa ein halbes Jahr vorher, bei einem vorbereitenden Kurzbesuch, sagte Ann zu mir: „Es gibt jetzt noch einen Jürgen Fischer in diesem Haus. Er ist aus Schweden und sieht bedeutend besser aus als du".

Erstens glaubte ich ihr nicht, dass es noch einen Jürgen Fischer gibt, der hier ins Haus kommt, und zweitens protestierte ich wegen der Äußerung mit dem Aussehen. „Kann gar nicht sein", war alles, was ich dazu zu sagen hatte. Das Ganze war auch schnell vergessen, da ich einen längeren Ausflug zum Silver Strand nach Louisburgh unternahm.

Vom Ausflug zurück, machte ich mir einen Tee, setzte mich auf einen Sessel und lehnte mich entspannt zurück. Dabei fiel ein Blick von mir unter die Treppe. Da standen zwei große Koffer. Ein Namensschild war mit dem Namen: Jorgen Fischer, mit einem durchgestrichenem o, ausgefüllt worden. Also stimmte die Ankündigung doch.

Keine fünf Minuten später klopfte es auch schon an der Haustür. Ich öffnete und vor mir stand jemand, der aussah wie Woody Allen und der zu mir sagte: „Du musst wohl Jürgen Fischer sein". Worauf ich mit: „Du musst wohl Jürgen Fischer sein", antwortete. Wir grinsten und kicherten beide und saßen dann lange Zeit zusammen und erzählten uns Geschichten aus unseren Leben. Er hatte tatsächlich sehr viel Ähnlichkeit mit Woody Allen, was Anns Bemerkung über sein Aussehen erklärte. Er wog nur etwa 50 kg, war spindeldürr, etwa 1,65 Meter groß, in Schweden geboren und hatte einen deutschen Vater. Sein Bruder war Tennislehrer in Bad Dürkheim, keine 30 Kilometer von meinem Wohnort in Deutschland, der ehemals freien Reichsstadt Speyer, entfernt.

Jörgen spielte die irische Version des Dudelsacks.

Die Schotten blasen den Dudelsack und die Iren pumpen die Luft mit dem Oberarm, was es Jörgen überhaupt erst ermöglichte, ein Blasinstrument zu spielen. Mein Namensvetter hatte die Lungenkrankheit „Cystic Fibrosis" und wäre der älteste lebende Mensch mit dieser Krankheit. Seine Lebenserwartung hatte er schon weit überschritten. Jeden Morgen musste er eine Handvoll Tabletten einnehmen und in eine Art Blasrohr blasen, um seine Lungenflügel zu entschleimen. Die röchelnden Geräusche waren jeden Morgen etwa eine halbe Stunde lang im ganzen Haus zu hören, was besonders bei Didi überhaupt nicht gut ankam. Störte es ihn doch bei seiner Hauptbeschäftigung am Vormittag, dem Zeitungslesen.

Mit „Basking", was auf der Straße musizieren bedeutet, verdiente er genug Geld für seinen Lebensunterhalt und die teuren Medikamente. Ich begleitete ihn eines sonnigen Nachmittags, um ihm etwas Gesellschaft zu leisten und seinem Dudelsackspiel zuzuhören. Wir setzten uns auf die Fensterbank eines Pubs, das damals gerade neu eröffnet hatte. Inzwischen ist es eines der bekanntesten Pubs Irlands und wurde in den 1990er Jahren in Irland zum Pub des Jahres gewählt: Matt Malloy`s Pub.

Es waren viele Touristen unterwegs und da die rote Häuserfront, außer uns, zusätzlich noch optisch einiges hergab, wurden wir ständig photographiert. Wenn wir den Leuten gesagt hätten, dass wir beide Jürgen Fischer heißen, der eine aus Schweden, der andere aus Deutschland, hätte es uns bestimmt niemand geglaubt.

So sind wir wahrscheinlich in einigen Fotoalben als typische Iren verewigt worden.

Der Kasten für das Münzgeld füllte sich sehr schnell und Jörgen hatte in nicht einmal zwei Stunden über 60 Pfund eingenommen. Umgerechnet 150 DM!

Die Namensgleichheit führte im Laufe der Zeit natürlich auch zu Verwechslungen.

Ich lauschte einmal bei einem Gespräch zweier mir unbekannter Personen, die an einer Bar direkt neben mir saßen. Der Eine befragte den Anderen, ob er schon das Neueste von Jürgen Fischer gehört hätte, was der verneinte, worauf Ersterer fortfuhr: „Hast du nicht in der Zeitung gelesen, dass Jürgen ein Tor geschossen hat? Er hat einen Freistoß direkt verwandelt. In der Mayo News steht es geschrieben."

Verwundert antwortete der zweite: „Ich wusste gar nicht, dass der auch Fußball spielt."

Ich hatte Schwierigkeiten, mir das Lachen zu verbeißen. Jürgen hätte, so traurig es leider war, keine 50 Meter am Stück rennen können. Außerdem waren seine Beine praktisch muskelfrei und nicht kräftig genug um Fußball zu spielen.

Auf dem Dudelsack war er aber eine anerkannte Größe und brachte es später in Schweden zu einer gewissen Popularität. Ein Kamerateam begleitete ihn sogar bei einer Reise durch Irland drei Wochen lang. Natürlich haben sie mich gesucht und auch gefunden. Mitten auf der Straße hielt plötzlich ein Auto, heraussprangen zwei Kameraleute, die Kameras auf mich gerichtet, bis es Jürgen geschafft hatte, aus dem Beifahrersitz herauszuklettern. Wir begrüßten und umarmten uns und schon musste ich ins vorgehaltene Mikrophon eine Geschichte über uns beide erzählen.

Mir fiel nichts Blöderes ein als die Verwechselungsgeschichte mit dem Freistoß. Ich hoffe, es war nicht all zu peinlich. Mir wurde ja auch überhaupt keine Zeit zum Nachdenken gelassen.

Es gab nämlich sofort einen Verkehrsstau, denn direkt hinter dem Auto des Kamerateams stand ein hupender 30 Tonner.

1. SPIELTAG

Nachdem ich mich schon etwas eingelebt hatte, begann die Fußballsaison in der Senior Connaught League. Also begann ich ein - bis zweimal die Woche ins Training zu fahren.

Je nach Ebbe und Flut war das allerdings nicht immer möglich.

Es gab keine ausgesprochene Vorbereitungszeit, wie das in Deutschland - selbst in der Kreisklasse - üblich ist, in der etwa vier Wochen vor Beginn einer Saison verstärkt fast täglich härter und öfter trainiert wird.

Nach der Sommerpause wurde hier einfach nur zweimal pro Woche trainiert und am Wochenende gab es ein Freundschaftsspiel.

Nach vier Wochen war dann auch schon das erste Punktspiel angesagt. Ein Auswärtsspiel in Ballina, einem Ort etwa 80 Kilometer nördlich von Westport.

Außer mir waren nur der Trainer Paul Large, ein Engländer, und dessen Vater Frank (der in den 1960erJahren beim 2:8 seines Vereins Northhampton Town gegen Manchester United beide Tore erzielte, auf der anderen Seite traf George Best sechsmal!) im Besitz eines Autos.

Mein R4 hätte die Fahrt nicht mehr geschafft. Das war unschwer zu erkennen. Es fragte auch niemand danach. Also zwängten sich 13 Spieler in die zwei zur Verfügung stehenden Fahrzeuge.

Leider stieg ich ins falsche Auto ein. In Franks.

Er fuhr wie ein Schwein und obwohl sein Auto noch recht neu war, waren die Federbeine durch seine Fahrweise schon richtig ausgeleiert. In den vielen Kurven, der nicht enden wollenden Landstraße klatschte die Karosserie durch die Überladung immer wieder auf die Stoßdämpfer. Die Wellen in den Kurven sorgten noch zusätzlich dafür, dass man ständig hin - und her geschaukelt wurde.

Wir erreichten Ballina immerhin unfallfrei, aber mit ziemlich gestresstem Magen. Das Spiel fand auf sehr holprigem Rasen und viel Wind statt, was beiden Mannschaften schwer zu schaffen machte.

Mit zwei späten Toren konnten wir das Spiel mit 2: 0 für uns entscheiden. Das war ein guter Einstieg in die Saison.

Ich versäumte nach dem Spiel bei Paul einzusteigen und musste deshalb die vom Sieg getragene, noch schnellere Rückfahrt mit Frank aushalten. In Westport angekommen, glücklicherweise ohne dass ich mich übergeben hätte, wurde noch von jedem ein Pfund für die Trikotwäsche eingesammelt.

WUFC hatte kein Sportheim, also blieb nur ein Pub für die dritte Halbzeit.

Es gab immer Gentlementagreements für jede Saison zwischen dem Club und dem jeweiligen Pubbesitzer, der als Sponsor auftrat, und es war für die

Mannschaft dann das angesagte Pub, in dem sich die Spieler nach dem Training und Spiel trafen. Dieses Jahr war es das O`Malley`s.

Hierhin verschlug es uns dann auch und wir standen zusammen, tranken etwas und es wurden kostenlos Sandwiches auf silbernen Tabletts gereicht.

Als ich dachte, der Abend neigt sich allmählich zu Ende, hieß es plötzlich: „Drink up, let`s go Disco", alle tranken schnell leer und die Mannschaft verließ geschlossen, ohne Trainer selbstverständlich, das Pub.

Übrigens heißt es meiner Meinung nach das Pub und nicht der Pub, wie in einigen Büchern zu lesen ist. Die Bezeichnung Pub ist, wie viele wohl nicht wissen, die Abkürzung für Public House. Also auf jeden Fall für mich: das Pub.

Wir machten uns auf Richtung Hotel Westport, wo der heutige Discoabend stattfinden sollte.

In Irland war und ist es immer noch üblich, die teilweise recht großen Ballsäle, die in jeder kleinen Ortschaft zu finden sind, wenn nicht gerade für eine Hochzeit, als Disco zu nutzen.

Die eigentlich ausnahmslos sehr guten Live Bands spielten immer moderne Rockmusik, auf die man natürlich auch tanzen kann. Die Live Bands waren so gut, dass mich selbst eine Tina Turner Coverband begeisterte.

Heute war aber eher Kameradschaftsabend und die Musik rückte ausnahmsweise in den Hintergrund.

Der Weg, den wir zurückzulegen hatten, betrug schätzungsweise 2 Kilometer. Für eine ungeduldige junge Truppe von 13 Mann relativ weit. Es dauerte nicht lange und die ersten Gesänge wurden angestimmt. Irische Folklorelieder, die, mit der Zeit immer ausdrucksstärker und immer inbrünstiger gesungen, sich allmählich in Rebellsongs verwandelten. Nicht besonders ungewöhnlich an einem frühen Sonntagabend in Irland. Die ganze Gang sang, so laut es ging, und wir marschierten an den kleinen Reihenhäusern vorbei, die auf dem Weg in Richtung Hotel Westport lagen.

Schließlich bogen wir in die Straße ein, an deren Ende das Hotel lag, aber links, durch einen Weg abgetrennt, gab es noch einen Park mit einer großen Rasenfläche in der Mitte.

Ehe ich recht begriffen hatte, was los war, rannte Brendan, der Jüngste der Mannschaft, los, brüllte etwas, was ich nicht verstand, und der Rest sprintete hinterher. Als er die Rasenfläche erreicht hatte, setzte er zu einem Hechtsprung an, mit ausgestreckter Brust, den Kopf nach vorne gerichtet und landete wie ein Rugbyspieler bei einem Try (=Versuch, gibt fünf Punkte) auf dem Rasen. Die anderen, nun außer Rand und Band und voller Lebensfreude, stürzten hinter ihm her und auf ihn drauf.

Es bildete sich eine Menschentraube, die längere Zeit Bestand hatte. Sie grölten, lachten und feierten diese gelungene Aktion und guckten alle zu mir. Ich stand völlig alleine da und habe wohl auch total ungläubig aus der Wäsche geschaut.

Natürlich fragten sie mich, ob man das in Deutschland auch manchmal so macht, was ich verneinen musste. Zumindest hatte ich es noch nie gesehen, vor allem mit guten Klamotten am Sonntag und vor – nicht nach der Disco – wo alle doch schön sauber und gut aussehen wollen. Das konnte ich mir nur sehr schwer vorstellen.

Allmählich löste sich der Scrum (=Gedränge, Begriff aus dem Rugby) auf, der Dreck wurde von den Kleidern geklopft und es ging weiter zum „Ballroom".

Am Eingang drängte sich plötzlich der Spielführer, Joe Mulroy, ein ehemaliger Jugendnationalspieler, nach vorne. Er winkte mich herbei und sprach zum Kassierer: „Das ist Jürgen, unser neuer Spieler aus Deutschland. Er hat heute Geburtstag". Der Kassierer nickte, gratulierte mir freundlich und ganz förmlich erklärte er mir dann, dass alle Geburtstagskinder freien Eintritt hätten. Ich bedankte mich bei ihm und dann gleich darauf bei Joe. Natürlich hatte ich keinen Geburtstag, aber ich wollte ja kein Spielverderber sein.

Wir gingen rein.

Ich unterhielt mich dabei noch eine Weile mit Joe. Tottenham Hotspurs hatten sich vor Jahren nach ihm erkundigt, und als sie erfuhren, dass er zum älteren Jahrgang der Jugendnationalmannschaft gehörte, empfanden sie ihn als zu alt und es wurde nichts. Er war damals erst fünfzehn, knapp sechzehn Jahre alt!

Während des Gesprächs bekam ich schon das erste Guinness in die Hand gedrückt. Nicht unüblich, da, wenn man in Irland mit einer Gruppe in ein Pub geht, einer eine Runde für alle macht und das nächste Mal ein anderer an der Reihe ist. Bis jeder einmal dran war. Wir waren 13!

Natürlich kann man sich auch ausklinken, indem man sagt, man bestellt nur für sich. Ich kannte diese Regelung aber damals noch nicht. Ehe ich mich versah, hatte sich an meinem Barhocker und der etwa auf Schulterhöhe an der Wand angebrachten Gläserablage, die es in fast jedem Pub gibt, die Anzahl der vollen Gläser auf fünf erhöht. Eines hielt ich noch in der Hand. Kurz darauf kam noch ein Fußballer vorbei, Brian Coffey, der nicht mehr im Verein spielte, da er zu selten aufgestellt und offensichtlich deshalb schwer gekränkt war.

Er erzählte mir jedenfalls, dass er damals das Spiel gegen Derry City gesehen hatte und von mir begeistert war. Er setzte noch eins drauf, indem er mir erklärte, dass auf diesem Platz schon Kevin Keegan und auch Kenny Dalglish gespielt hätten. Aber der beste Spieler, den er jemals auf diesem Rasen gesehen hatte, war ich.- Für ihn.

Deshalb wollte er mich unbedingt zu einem Pint Guinness einladen. Dankend lehnte ich dieses gut gemeinte Angebot ab und verwies auf die vollen Gläser. Das hat ihn wenig beeindruckt. Es ging längere Zeit hin- und her und trotz geschicktester Ab-

lenkungsmanöver kam er immer wieder darauf zurück. Schließlich gab ich auf und opferte mich und sagte: „O.K. Bring it. Thanks a million".
Es standen jetzt sechs Pints auf dem Regal.

THE IRISH WAY

Es vergingen ein paar Wochen, bis ich dann eines Dienstags in die Kabine kam, um mich umzuziehen. Fast alle saßen auf ihren Plätzen und machten besorgte Gesichter.

Der ebenfalls anwesende Präsident begann mit einer Rede. Er teilte uns mit, das der Trainer heute nicht kommt und am Donnerstag auch nicht. Der Verein hatte das Geld für ihn und seinen Vater, dem als Fahrer und Betreuer auch Geld zustand, nicht auftreiben können. Sie würden sich bemühen, dass es diese Woche noch klappt, aber vor Samstag wäre dies wohl nicht möglich.

Was tun? Wer soll das Training leiten?

Dann schaute er in meine Richtung und sagte:

„Jürgen, würdest Du die Mannschaft trainieren"?

Ziemlich überrascht darüber, aber angenehm berührt und mit Freude sagte ich nach kurzer Überlegung zu.

Ja, das machte ich natürlich gerne. Es gab zwar das Problem mit Ebbe und Flut und dem pünktlichen Erscheinen, aber heute und am Donnerstag konnte ich das auf jeden Fall übernehmen. Danach würde man weitersehen.

Ich leitete dann das Training und begann mit einigen Übungen, die sie noch nicht kannten. Zum Beispiel Dehnen. Keiner dieser guten Fußballer hatte jemals die Muskeln und Bänder gedehnt. Die medizinischen Kenntnisse, die eigentlich jedem Sportler zu Eigen sein sollten, waren auch dem entsprechend bescheiden. Vom Leistungsvermögen her hätte ich die Mannschaft, zu dem damaligen Zeitpunkt, mit dem in Deutschland verglichen, etwa auf Oberliga/Verbandsliga Niveau eingeschätzt, was immerhin 3./4. Liga bedeutet hätte.

Ebenso das international beliebte 5 gegen 2 im Kreis war für sie etwas Neues. Am Anfang flogen zwar die Bälle noch kreuz und quer über das Spielfeld, aber recht bald hatten die Jungs das im Griff und hatten Spaß dabei.

Für das Training am Donnerstag erkundigte ich mich noch nach ein paar Fachwörtern anatomischer Art, die mir noch nicht geläufig waren.

Nach dem Training fuhr ich dann direkt in Richtung Insel. Es gab einen wunderschönen Sonnenuntergang, dem ich in bester Laune entgegen fuhr. Lange konnte ich das aber leider nicht genießen.

Auf Höhe des Golfplatzes, nicht mal nach halber Wegstrecke, bekam ich einen platten Reifen.

Normalerweise kein Problem. Ich hatte aber keinen Ersatzreifen. Ich beschloss die restlichen 4 km zu Fuß zu gehen, nahm das Boot und ruderte zu meiner Insel.

Am nächsten Morgen überlegte ich mir, wie ich jetzt meinen Platten reparieren sollte, da ich ja am Donnerstag das Training zu leiten hatte.

Ein guter, ehrgeiziger Deutscher hätte sich wohl Sorgen gemacht, wie das jetzt alles klappen sollte, kaputtes Auto, pünktliches Erscheinen usw.

Ich hatte aber keine Lust mir groß` Gedanken oder gar Sorgen zu machen. Ich lass` den Platten Platten sein und genieße die Tage heute und morgen. Dann werde ich gegen 18 Uhr mit dem Boot zum Festland rudern, laufe los und halte den Daumen raus.

Mich wird schon jemand mitnehmen.

I`ll do it the irish way.

Kurz vor 18 Uhr packte ich meine Sporttasche, ruderte zum Festland, vertaute das Boot und lief los.

Ich wusste, dass die Chance auf einen „Lift", wie man das nennt, die ersten 2 Kilometer recht schlecht standen. Es gab in der näheren Umgebung nur wenige Häuser, und um diese Uhrzeit kommen wohl eher Leute von der Stadt, als dass welche hineinfahren. Aber es gab eine Kreuzung, wo eventuell vom Rosmoney Pier, einem kleinen Yachthafen, jemand in Richtung Stadt wollte. Darauf beruhte meine Hoffnung. So kam es dann auch. Ich hatte Glück. Nur etwa 100 m nach jener Kreuzung kam das erste Auto. Ich hielt den Daumen raus und es stoppte. Es war ein VW-Bus mit Doppelkabine und Pritsche. Darin saßen fünf Bauarbeiter. Drei vorne, zwei hinten. Also war noch ein Platz frei. Der Fahrer kurbelte die Scheibe runter und fragte wo ich hin wolle. „Into Town", entgegnete ich und erhielt „no problem, get in", als Antwort, worauf sie gleich Platz machten und ich konnte einsteigen. Dabei sah ich hinten auf der Pritsche einen Haufen mit Split. Also ein Trupp Straßenarbeiter.

Sie füllen die Löcher in den Straßen mit Split und man hat sie dann in den Reifen, wie ich feststellte.

Tatsächlich hatte ich einige platte Reifen im Laufe der Zeit und immer, nachdem die Straßen gerade mit messerscharfem Split „ausgebessert" worden waren.

Vielleicht war ja der Reifenhändler heimlicher Sponsor des Stadtbauamtes.

Auf jeden Fall wurde ich gefragt was ich in der Stadt vorhabe, was ich mit „Soccertrainig", kurz beantwortete. Dann wurde es ruhig.

Die Atmosphäre in diesem Arbeiterbus war unglaublich entspannt und voller positiver Aura. Der Fahrer fuhr kaum schneller als Schritttempo.

Der Mann an der Beifahrertür begann leise ein Lied zu summen. Alle hatten so eine tiefe, zufriedene Ausstrahlung und waren in sich gekehrt, beobachteten aber rechts und links die schöne, grüne Landschaft und das Meer. Die Unterhaltung, die dann begann, drehte sich nur um die Tiere, die unterwegs und auf den Weiden zu sehen waren.

Schafe und Rinder, in einem Vorgarten eine Ziege und ein Koloss von einem Ochsen, der mit einem Nasenring durch ein langes Tau festgebunden war.

Sie waren eins mit ihrer Umgebung und genossen ihren Feierabend und jeden Meter Fahrt.

So tuckerten wir in andächtiger und friedvoller Stimmung die schmale Landstraße entlang.

Auf Höhe des Golfplatzes, vorbei an meinem platten R4 und hinter einer langgezogenen Kurve, stand da auf einmal noch ein Trupp Straßenarbeiter.

Sie waren ebenfalls zu fünft, standen in einem Kreis herum und schauten auf eine Schaufel, die einer der Männer am Stil hielt und auf den Boden aufgesetzt hatte.

Der Fahrer unseres Busses stoppte, kurbelte das Fenster herunter und alle drehten die Köpfe Richtung Kreis und Schaufel.

Auf der Schaufel krabbelte eine Raupe. Sie war Objekt allergrößten Interesses.

„Was ist das für ein Tier, oder was glaubt ihr, was es sein könnte?" fragte er Richtung VW- Bus und fuhr fort „ hmm, es wird auf jeden Fall eine Raupe sein, aber was für eine?"

„Keine Ahnung, was meint ihr?" fragte uns der Fahrer und drehte sich im Führerhaus rum. Alle überlegten und schauten immer wieder auf die Schaufel, bis die Raupe sich gemächlich davonmachte und vom grünen Seitenstreifen im Gras verschwand.

„Anyway, a kind of a snail", war der allgemeine Tenor, der Kreis löste sich langsam auf und man verabschiedete sich dann auch wohlwollend voneinander.

Der Fahrer gab langsam Gas und wir rollten gemütlich weiter. Schließlich erreichten wir die Hauptverkehrsstraße, die stadteinwärts führt. Nach etwa 500 Metern sagte ich: „It´s o.k. here", und sie ließen mich aussteigen. Ich erreichte den Sportspark „in time".

AUF DER JOHN LENNON INSEL

Ich wollte John Lennons Insel besuchen.
Dabei ein wenig zu fischen, wäre eine gute Ergänzung, dachte ich mir.
Das überzeugte auch Didi: „Kein schlechtes Programm für einen Wochentag", meinte er.
Es war Montag und wir waren beide noch auf dem Festland in Anns Haus.
Es hatte sich irgendwie so eingependelt, dass wir Insulaner, also Ann, Didi und ich, nach der Woche auf den jeweiligen Inseln uns freitags gegen 18 Uhr in Anns Küche wieder trafen. Wir saßen kurz zusammen, tranken einen Tee, Didi rauchte einen dünnen Joint von seinem selbst angebauten Gras und wir schwätzten über das Erlebte unter der Woche. Anschließend gingen wir zu John Mc Ging`s Pub. Ich liebte diese Treffen. Obwohl sie höchsten eine Viertelstunde dauerten, war es etwas Besonderes. Es hatte so etwas wie: Die Fischer sind zurück im Hafen. Ich kam oft früher ins Haus und wartete auf die beiden. Wenn sie dann eintraten, trugen sie noch ihre Gummistiefel, Regenklamotten und Mützen und hatten meist noch eine rote Plastikbox mit Fischen, Muscheln oder ähnlichem dabei.

Es waren die ersten Gespräche der Woche für mich.

Ich hatte ja meistens ein paar Tage mit niemandem gesprochen. Manchmal schaute der Bauer nach den Kühen oder der Postbote brachte mir Briefe aus Deutschland vorbei. Es gab extra für die Inselbewohner einen „Islandservice". Der Postbote lebte auf der Insel, auf der der Leuchtturm stand. „Islandservice" gab es dreimal die Woche: Dienstag, Donnerstag und Freitag. War es zu stürmisch, verschob sich das solange, bis er zum Pier am Yachthafen fahren und die Post in Empfang nehmen konnte.

Mit ihm war leider nur eine Unterhaltung übers Wetter möglich. Alles andere lehnte er ab. Mehrere Versuche, ein Gespräch in eine andere Richtung zu lenken, schlugen fehl. Als ich ihn beim allerletzten Versuch fragte, was der Grund sein könne, warum der Kamin bei mir im Schlafzimmer nicht zieht, schaute er mich dermaßen entsetzt an, dass ich es fortan bleiben ließ. Ansonsten hatte ich fast keine Besucher.

Ein einziges Mal kam ein Überraschungsbesuch vom Festland. Ian Hicks, einer meiner Nachbarn, den ich schon bei meinem allerersten Besuch 1985 kennengelernt hatte, bekam Besuch von Paddy O`-Malley und seiner Frau mit Baby Sarah. Da die Sonne schien und das Meer ruhig war, nahm er noch seine Frau Meena und Tochter Rachel mit und fuhr mit dem Boot eines Nachbarn rüber zu meiner Insel. Er selbst hatte kein Boot, mehr dazu später. Zu deren Überraschung war ich nicht zu Hause. Ich war ausgerechnet an diesem Tag unterwegs zur nächsten, südlich gelegenen Insel und wollte sie erkunden. Die Erkundung fand zu meinem Leidwesen nicht statt oder, besser gesagt, sie wurde schon im Keim erstickt.

Ich war etwa 100 Meter vom nördlichen Strand, wo mein Boot lag entfernt, als ich am ehemals einzigen Inselhaus, das jetzt leider nur noch eine Ruine war, vorbeilaufen wollte.

Da stand ein Bulle genau hinter der Ecke und erschreckte sich sichtbar bei meinem Anblick, zuckte zusammen und brüllte vor Schreck so laut er konnte. Ich erschreckte mich mindestens genauso, nur brüllte ich nicht, sondern drehte mich um und rannte los. Ich bekam richtig Schiss.

Das Vieh hatte auch gleich instinktiv eine drohende Bewegung in meine Richtung gemacht.

Bei der Kehrtwende die ich machte, bevor ich zum Sprint ansetzte, sah ich, dass dort eine ganze Herde versammelt war. Die war jetzt hinter mir her.

Ich hatte aber einen kleinen Vorsprung und die Entfernung zum Boot war nicht allzu weit. Nur mit Gummistiefeln rennt es sich nicht gut. Als ich den Sandstrand erreichte, waren es nur noch 20 Meter, aber ich stolperte und fiel der Länge nach hin.

Die Rinder waren zwar nicht weit hinter mir, hatten aber wohl einen langsamen Tag erwischt. Jedenfalls schaffte ich es noch rechtzeitig, das Boot ins Wasser zu ziehen und reinzuspringen.

Die ganze Herde stand kurz darauf am Ufer und gaffte mir nach. Ich schnaufte erst mal durch und ruderte wieder zurück.

Als ich ankam, standen alle meine „Gäste" vor dem Haus und empfingen mich. Sie gingen gar nicht mehr mit hinein. Sie hatten schon Tee getrunken, Toast mit Marmelade und Kekse gegessen. Ein Dankesschreiben lag auf dem Küchentisch, mit Anwesenheitsliste und Unterschriften, bis auf Sarahs, die gerade mal 50 cm groß war.

Auf dem der Insel nahe liegenden Festland hatte ich drei Familien als Nachbarn. Ian Hicks mit seiner Frau Meena und Kindern, Pat Fadgen mit Familie und John und Peggy Rose. Auf die Insel kam ab und zu Farmer Liam Ryder, der nach seinen Kühen und Schafen schaute.

Heute war also John Lennons Insel, Dorinish Inish, angesagt. Wir nahmen Didis Boot und holten vorher noch Riccardo, Didis Angelfreund, ab.

Riccardos Leidenschaften waren Pferdewetten und Angeln. Er hatte einmal bei einem Irland weiten Pferdewetten-Wettbewerb den ersten Preis und 5000 Pfund gewonnen.

Er liebte auch das Lachsangeln in den Flüssen der Umgebung Westports. Natürlich schwarz.

Für eine Tageslizenz musste man schon stolze 20 Pfund hinblättern. Das konnte sich jemand, der die „dole" bezog und von Gelegenheitsarbeiten lebte, natürlich nicht leisten.

Wurde montagmorgens die „dole" ausbezahlt, ging Riccardo aus Sicherheitsgründen zuerst in den Supermarkt einkaufen und brachte die vollen Plastiktüten nach Hause. Erst dann ging es ins Wettbüro und zu John Mc Ging`s oder eventuell auch Bould Biddy's Bar. Riccardo trank viel, was eine andere Reihenfolge gefährlich werden lässt. Gepaart mit der Wettgewohnheit, war ihm das Risiko wohl bewusst, den Rest der Woche nichts zu essen zu haben. Dem baute er mit diesem cleveren Trick geschickt vor. An einem Montag hab ich ihn nie nüchtern gesehen.

Dieser Montag wäre fast eine Ausnahme geworden. Wir wollten fischen, also packten wir noch ein paar Angeln ein. Vom Yachthafen legten wir ab und Didi ließ das Boot auf halbem Weg, zwischen Leuchtturm und Insel, mit nur noch halber Motorkraft treiben. Wir warteten und hofften auf sogenannte Schulen. Man sieht sie schon von weitem. Es sind große Schwärme, die man daran erkennt, dass das Wasser regelrecht brodelt. Vergleichbar mit kochendem Wasser.
Wir hatten Glück.
Nach einer knappen halben Stunde, wir hatten schon drei Makrelen gefangen, sahen wir einen großen Schwarm auf uns zukommen.
Bei Riccardo und Didi brach sofort das Jagdfieber aus. Schnell wurden die Fischboxen, von der Fischervereinigung COOP normalerweise zum Aus-

ternfischen zur Verfügung gestellt, in Position gebracht, da ein großer Fang zu erwarten war.

Jeder hatte eine Angel mit mehreren Blinkern dran. Damit fängt man dann gleich mehrere Makrelen auf einmal. Wir fingen sehr viele.

Didi hatte vier Makrelen auf einmal. Das war der größte Fang. Riccardo und ich brachten es jeweils auf drei. Insgesamt fischten wir etwa eine halbe Stunde und hatten zusammen ungefähr 40 Makrelen.

Dann hörten wir auf.

Das war mehr als genug. Für jeden genug für die nächsten paar Tage und man konnte noch Freunde beschenken, die keine Gelegenheit zum Angeln hatten.

Die Makrele ist zwar kein Edelfisch, aber sehr wohlschmeckend und für mich auch der schönste aller Fische. Herrlich ihre silberblaue Farbe.

Die Bezeichnung Edelfisch hängt von der Konsistenz und Haltbarkeit des Fleisches ab. Das Fleisch ist nicht sehr fest und nicht lange haltbar. Man sollte sie auch nicht einfrieren. In deutschen Supermärkten gibt es sie tiefgefroren, aber ich kann mir vorstellen, dass die Qualität sehr darunter leidet.

Noch auf dem Boot haben wir sie ausgenommen und tuckerten Richtung Dorinish Inish.

Während der Fahrt mit Didis Boot sprachen wir eigentlich nie, und wenn, dann nur das Notwendigste. Man hört dem gleichmäßigen Rhythmus des Dieselmotors zu, schaut aufs Meer, die Umgebung, den heiligen Berg Croagh Patrick und ist in Gedanken versunken. Jeder für sich. Da ist jedes Wort überflüssig.

Erst als wir nahe am Ufer waren sprachen wir wieder. Wir mussten den Anker setzen und ins Beiboot steigen um direkt ans Ufer zu kommen.

Es ist für mich immer ein besonderes Gefühl, eine Insel zu betreten. Die ersten Schritte lösen bei mir ein feierliches Gefühl aus. Wie bei einem tief religiösen Menschen, der eine Kirche betritt.

Genau genommen gab es auf der Insel nicht allzu viel zu sehen. Das Sehenswerteste haben hier zwei Menschen geschaffen. Nicht etwa Ýoko Ono und John Lennon, sondern eine Irin und ein Amerikaner.

Aber der Reihe nach.

John Lennon suchte eine Insel, die nicht weiter als zwei Flugstunden von London entfernt liegt und daher schnell zu erreichen ist. Er hatte schon mit einigen der bekanntesten Makler in London Kontakt aufgenommen, aber niemand hatte etwas anzubieten. Außerdem wusste er, dass der Preis sofort in astronomische Höhen schnellen würde, wenn bekannt wäre, dass einer von den Beatles interessiert sei. Also beauftragte er einen Angestellten von Apple, der Plattenfirma der Beatles, Alistair Taylor.

John selbst entdeckte die Zeitungsannonce mit dem Titel: An Island off Ireland, und schickte Alistair Taylor nach Westport, ein paar Photos zu machen. Als John die Bilder sah, sagte er sofort, dass er die Insel für ihn kaufen solle.

Da gab es nur ein Problem. Geld. Die Jungs von den Beatles hatten kaum Geld einstecken. Sie hatten auch fast keine Möglichkeit, es auszugeben. Johns Einstellung war in etwa: Was? Du denkst an Geld oder machst dir Sorgen? Ich hab` nie welches bei mir. Auch hatten sie zu Hause keine Safes, die mit Banknoten voll geladen waren. Bargeld war so schnell keines aufzutreiben. Die Auktion war aber schon an jenem Nachmittag. Alistair kontaktierte dann noch Brian Epsteins Bruder Clive in Liverpool, der daraufhin seinen Chauffeur losschickte. In letzter Minute konnte auf einem Bahnhof noch das notwendige Bargeld überbracht werden. Schließlich konnte Alistair die Insel für 1550 Pfund ersteigern.

Das war im Jahr 1967.

Für seinen ersten Besuch ließ John einen Wohnwagen, der, für die in den typischen psychedelischen Farben der 1970er Jahre, extra gespritzt wurde, erst von London nach Westport und dann von Bootsbauer Paddy Quinn mit einem Raft auf die Insel transportieren.

Mit Paddy machte John auch die erste Inselrundfahrt und besuchte seine Insel auf dem Wasserweg. Fast 15 Jahre später fuhr der gleiche Paddy Quinn mich auf die Insel Inish Fesh, die ich kaufen wollte. Aber daraus wurde leider nichts, da der Besitzer, ein Holländer, am Ende doch nicht verkaufen wollte, obwohl ich schon eine Anzahlung gemacht hatte. Das war auch der Grund weshalb ich das Haus später auf Inish Gowla mietete.

Der nächste Besuch John Lennons war mit dem Helikopter. Dabei hatte er diesmal unter anderem auch Yoko Ono, seine neue Partnerin. Im Wohnwagen auf der Insel nahmen sie eine Mahlzeit zu sich und blieben den ganzen Tag über. Abends flogen sie noch weiter über die gesamte Clew Bay und nach Achill Island. Übernachtet hatten sie im Great Southern Hotel in Mulrany, einem kleinen Ort direkt am Meer im Nordteil der Clew Bay.

Das Hotel, das fast verfallen war, wurde vor ein paar Jahren wieder komplett renoviert und ihre damalige Suite nach John und Yoko benannt.

Es entstanden die ersten Pläne, ein Haus auf der Insel zu bauen, und John beantragte eine Baugenehmigung, der auch stattgegeben wurde.

Trotz der Pläne passierte nichts.

1970 hörte John von Sid Rawle, der in England als König der Hippies bekannt war, dass er mit seiner Gruppe, sogenannte „New Age Traveller", nach einer Insel suche, um eine Kommune zu gründen. Er überließ Sid die Insel und erklärte, dass sie der Öffentlichkeit zugänglich und jeder willkommen sei.

Vermutlich hat hier schon die konservative Abteilung der Bevölkerung die Hände über dem Kopf zusammengeschlagen.

Unter den Hippies in London wurde kräftig Werbung gemacht und Flyer gedruckt, um dieses Projekt anzugehen. Schließlich fanden sich 25 Leute die für Gesprächsstoff sorgen und die irische Landbevölkerung beglücken wollten.

Der Plan war vorerst mal ein sechswöchiges Sommercamp abzuhalten und danach zu entscheiden, ob der Aufenthalt verlängert werden soll.

„Es war der Himmel und es war die Hölle", sagte Sid später, „aber meistens war es wirklich gut". Die Hippies blieben zwei Jahre auf der Insel und lebten in Zelten, da es keine Gebäude aus Stein gab.

Sie pflanzten Gemüse, machten große Feuer, um sich warm zu halten, und verstauten ihre Lebensmittel in Erdlöchern. Alle zwei Wochen kauften sie in Westport noch zusätzliche Lebensmittel.

Didi meinte es hätte wohl auch die ein oder andere Möwe dran glauben müssen...

Die Kommune hatte kein Boot und war von den lokalen Fischern für den Transport abhängig. Sie hatte ein vereinbartes Alarmsystem ausgeklügelt. Wenn sie ein weißes Bettlaken aufgehängt hatte, dann bedeutete es:

Holt uns bitte ab, wann immer ihr Zeit habt.

Zwei weiße Laken: Bitte kommt bald vorbei.

Drei weiße Laken bedeuteten: Notfall, kommt so schnell es geht.

Die Postadresse : Hippie Island, Ireland !

Einige der Festlandbewohner waren der Kommune nicht unbedingt freundlich gesinnt. Sie war ihnen später sogar ein Dorn im Auge. Ganz besonders, als John Lennon erklärte, die Beatles wären bekannter oder beliebter als Gott, was immer er auch mit „popular" aussagen wollte, machte er sich bei der katholischen Kirche ziemlich unbeliebt, die es laut seiner Aussage leider missverstanden hatten. In den Zeitungen wurde sie als „Republic of Dorinish" bezeichnet und Stimmung gegen sie verbreitet. Das übertrug sich auch auf die Kommune.

Nachdem 1972 ein Feuer das Hauptzelt zerstört hatte, lösten sich die „Diggers", wie sich die Gruppe nannte, mehr oder weniger auf.

Zum Schluss blieben noch eine Irin mit ihren drei Kindern und ein Amerikaner übrig.

1972 lief auch die Baugenehmigung aus.

Erst im Jahre 1980, in dem John Lennon erschossen wurde, hatten Yoko und er gerade eine neue beantragt.

Yoko erzählte, dass sie jahrelang darüber sprachen, ein Haus zu errichten und abseits des Trubels und des Drucks, der auf beiden lastete, hier in Frieden und Abgeschiedenheit zu leben.

Es war der perfekte Platz, um von allem befreit zu sein. Leider kam es anders.

Nach John Lennons Tod verkaufte Yoko Ono die Insel an den lokalen Farmer Michael Gavin und spendete den Erlös von 30000 Pfund an ein irisches Waisenhaus. Sie sagte, es wäre im Sinne von John, das Land wieder an das irische Volk zurückzugeben. Er selbst hätte sich mehr als Ire gefühlt, zumal auch sein Großvater aus Dublin kam.

Die Insel besteht aus zwei Hauptteilen, die durch eine lange Kiesbank miteinander verbunden sind. Sie ist insgesamt knapp zehn Hektar groß und die südlichste in der Clew Bay und etwa einen Kilometer vom Festland des Dorfes Murrisk entfernt.

Wir hatten am südlichen Teil geankert und liefen den Strand entlang, bis wir die einzigen verbliebenen Reliquien der Hippiezeit entdeckten. Auf dem oberen Kamm hatten sich die letzten Bewohner, der Amerikaner und die Irin, jeweils eine Hütte aus Stein gebaut. Aber nicht nebeneinander, sondern im Abstand von 150 Meter. Sie waren beide 3 x 3 m groß und nur etwa 2 Meter hoch. Als ich das erste Mal hier war, stand tatsächlich noch ein Korkschuh, die typische Schuhmode der 1970er Jahre, auf dem Wellblechdach, das teilweise mit Moos bedeckt war.

Im Inneren beider Hütten gab es eine kleine Feuerstelle. Von beiden Hütten war ein Weg mit großen Kieselsteinen in schön gleichmäßigem Abstand markiert. Er führte aber nicht von Hütte zu Hütte, sondern weg von den Hütten in östlicher Richtung, zum Strand hin. Da beide Wege leicht angewinkelt verliefen, trafen sie sich, kurz bevor es zum Strand hinunter ging, und bildeten praktisch ein V.

Anscheinend wollten sie unabhängig voneinander sein. Schwer vorstellbar, sich hier Privatsphäre schaffen zu wollen.

Von der Irin weiß man, dass sie drei Kinder hatte und noch während ihres Inseldaseins ein viertes gebar. Dafür ging sie aufs Festland und drei Tage nach der Geburt soll sie sich schon wieder auf die Insel habe bringen lassen. Sie ging später nach Cork in eine Landkommune. Der Amerikaner war öfter in Westport und ich sprach mit jemandem, der ihn kannte. Er war wohl ein ziemlich schräger Vogel, „a bit crazy", was immer damit gemeint war. Eigentlich eine Beurteilung, die einem Iren nur schwer über die Lippen kommt, selbst bei Exzentrikern. Es gab aber berechtigte Anzeichen, dass er sogar diese übertroffen hatte.

Wie die Kommune, so hatten auch die letzten beiden Verbliebenen kein Boot. Das wollte er ändern.

Er kam auf die Idee, sich mit Paletten eine schwimmfähige Konstruktion zusammenzubasteln. Das vollendete Teil, einer Plattform ähnlich, sollte ihn dann mit drei eingespannten, schwimmwilligen Eseln zur Insel hin und zurück bringen.

Clever ausgedacht.

Den ersten Teil setzte er tatsächlich um.

Die Paletten lagen abfahrbereit im Hafen.

Da er die Plattform in Westport zusammenschnürte hätten die Esel geschätzte 5 km im Meer schwimmen müssen! Es war wohl zu schwierig gewesen, geeignete Esel aufzutreiben, die seinen Anforderungen gerecht werden konnten.

In diesem Punkt war er wohl zu anspruchsvoll.

Das Gefährt blieb ungenutzt mehrere Jahre im Hafen liegen.

Genialität führt leider nicht immer zum Erfolg.

Über seinen weiteren Lebensweg wusste sein Bekannter leider nichts zu berichten.

Wir überquerten weiter die Insel und entdeckten noch einige Erdlöcher und Reste von Armeezeltplanen. Die lange Kiesbank und den Nordteil ersparten wir uns. Essen war angesagt. So machten wir uns langsam wieder auf den Rückweg. Auf Didis Insel brieten wir uns ein paar Makrelen, tranken Didis selbstgebrautes Bier dazu und freuten uns, dass wir lebten. In der Dunkelheit erreichten wir wieder den Yachthafen am Rossmoney Pier und fuhren dann in die Stadt, um den guten Fang zu feiern und ein paar Fische zu verschenken.

Blick von Inish Gowla zu Dorinish Inish

EIN SCHOTTE STREICHT SEIN ZIMMER

Auf dem Weg von der Insel zur Stadt passierte ich ein Haus, in dem einige Bekannte von mir wohnten, das „Carraholly Hippie House".

Das ebenerdige Gebäude diente vor seinem Umbau zu einem Wohnhaus, Windhunden als Stallung.

Im Vergleich zu den vorherigen Bewohnern waren die jetzigen bedeutend langsamer, ihre Körper um einiges fülliger, und mit Sport hatten sie gar nichts nichts zu tun.

Paddy O`Malley, Jock (Tony Rooney), ein Schotte und Johnny Curtis, Musiker aus Dublin, sowie Irma van Bahlen, eine Holländerin, teilten sich das Haus.

Wenn man es betrat, konnte man berechtigte Hoffnungen haben, dass die Hippiekultur nie ganz aussterben wird.

Es roch manchmal nach Irmas Räucherstäbchen, aber immer nach Käse. Wen wundert`s?

Als Holländerin machte sie selbstverständlich Käse. Den Herstellungsprozess hatte sie in Irland gelernt. Besonders begeistert über ihre Arbeit war sie eigentlich nicht, da ihr die Arbeitsabläufe wenig Spielraum für andere Aktivitäten ließen und sie zu sehr an das Haus gebunden war.

Jock hätte mit seinem Aussehen bei Braveheart durchaus ein Gefährte von William Wallace sein können. Er war etwa 1,85 Meter groß, kräftig, hatte einen Vollbart und lange Haare, die ihm über die Schultern hingen. Johnny Curtis sah ihm nicht unähnlich, nur bei Paddy O`Malley klemmte es mit dem Haarwuchs. Einen wuchtigen Bauch hatten alle drei aufzuweisen. Da kam man nicht auf den Gedanken einer Hungersnot, die in Irland so etwa 1845 ihren Anfang nahm. Außer Irma bekamen alle die „dole". Man musste mit dem wenigen auskommen, was das Social Welfare Office auszahlte.

Ich kam eines Tages vorbei um Paddy zum Einkaufen mit in die Stadt zu nehmen.

Ich lief durchs Haus und klopfte, da ich Paddy nicht antraf, an Jocks Wohnzimmer. Er bat mich hinein und ich sah ihn am Kamin sitzen und rauchen.

Ich bemerkte, dass die Wand neu gestrichen war.

Aber überraschenderweise nur das halbe Zimmer!

Riechen konnte ich die frische Farbe jetzt auch. Als ich näher in den Raum eintrat fiel mir auf, dass mitten in einem Hängeregal, welches aus drei Holzbrettern bestand, der Streichvorgang einfach abgebrochen worden war. Man konnte genau sehen, wie weit gestrichen wurde, da im ganzen Regal die Bücher so gestellt waren, dass es weitergehen konnte. „Nur", fragte ich mich, „worauf wartet er noch"? Es sah nicht so aus, als ob er demnächst noch irgendeiner Arbeit nachgehen würde.

Ich fragte ihn, ob er keine Lust mehr habe, weiter zu streichen, obwohl der Raum nicht gerade groß war. Er schüttelte den Kopf. Nein, er habe für diese Woche sechs Pfund für die Farbe vorgesehen und nächste Woche dann die restliche Farbe, für weitere sechs Pfund. So war es kalkuliert und dementsprechend reichte es eben nur für das halbe Zimmer. Leicht belustigt betrachtete ich dann weiterhin die Wand und das Bücherregal, bis dann auch Paddy hereinkam, der ebenfalls grinste und die Arbeitsweise auf die Schippe nahm. Jock verteidigte sich noch weiter, aber unser Gelächter wurde immer lauter und lauter, als wir das Zimmer und dann das Haus verließen.

BEARS GEBURTSTAG

Der Weg vom Carraholly House in die Stadt war etwa fünf km lang. Eine lange Gerade, direkt an Westports größtem 18-Loch Golfplatz vorbei.

Da Irma selten das Haus verließ und die anderen kein Auto hatten, blieb für Paddy, Jock und John nur Laufen oder Trampen. Fahrradfahren kam auch nicht in Frage. Zu starker Wind, öfter mal Regen und zu schlechte Autofahrer machte es nicht nur unattraktiv, sondern fast zu einem Selbstmordkommando. Also Laufen. Besonders wenn man den Hund mit in die Stadt nehmen will, um seinen Geburtstag zu feiern.

Nicht den eigenen, sondern den des Hundes.

Bear hatte Geburtstag.

Also machten sich Paddy und Bear auf in die Stadt.

Kein Problem für den kräftigen deutschen Schäferhund. Die fünf Kilometer waren schnell geschafft und es ging direkt ins Pub zu John Mc Ging.

Schnell gezapft war auch das erste Guinness Pint.

Paddy nahm den ersten kräftigen Schluck, um die weiße Schaumkrone etwas abzutrinken.

Bear mochte den Schaum nämlich nicht.

Dann wurde der vorher penibel gesäuberte, große Aschenbecher mit dem leckeren schwarzen Gebräu gefüllt und Bear bekam sein erstes Geburtstagspint. Der lange Weg hatte die beiden fast dehydriert. Dann noch der Sonnenschein und die fast 20 Grad Hitze...

Auf einem Bein kann man nicht stehen. Natürlich nicht. Schon gar nicht, wenn man vier hat, dachte sich Paddy und ließ gleich noch eins für Bear und sich einschenken.

Wieder trank er den Schaum ab und der Rest wurde gleichmäßig aufgeteilt.

Bear war ganz in seinem Element.

Er war fast eins mit seinem Herrchen.

Das war ihm noch nicht passiert. Immer wieder wurde nachgefüllt. Der Weg in die Stadt hat sich heute aber gelohnt.

Das dachte sich auch Paddy und er war froh, solch einen vierbeinigen Kumpel zu haben .

Kritisch beäugt wurde die Sache von Todd, der von der roten Plastikledercouch alles kontrollierte.

Neid verspürte er keinen.

Nein, sein bevorzugtes Getränk war Harp Lager.

Die Geburtstagsfeier dauerte den ganzen Nachmittag.

Nicht bei jedem Pint bekam Bear seinen Anteil, das wäre wohl auch des Guten zu viel gewesen, aber er kam nicht zu kurz. Das Stehen wurde aber nach und nach ein Problem. Einmal gelegen, schafften es die Beine leider nicht mehr, das restliche Körpergewicht hochzuheben. Nicht gar so schlimm. Der Kopf war ja noch in Ordnung. Als Paddy das Geld ausging, war Bear eingeschlafen und es gab keine

Hoffnung, dass er in naher Zukunft aufwachen würde.

Der Nachhauseweg war jetzt natürlich erschwert. Was tun?

Die rettende Idee kam durch einen Blick aus dem Fenster. Eine Frau schob auf der anderen Straßenseite einen Kinderwagen und Paddy wusste, was zu tun war. Er verschwand und kam nach fünf Minuten zurück. Vom O`Connor`s Supermarkt hatte er sich einen Einkaufswagen geliehen. John besorgte ein großes Kissen, dann hoben sie Bear hinein und das Problem war gelöst.

Raus aus dem Pub, die High Street hinunter.

Der Gang durch die angrenzende Shopstreet blieb natürlich nicht ganz ohne Aufsehen.

Mister P. Fernandez von der Garda stand gerade vor der AIB Bank und beobachtete den Geldtransport, der (wie üblich) noch zusätzlich von vier Security Leuten mit Maschinengewehren im Anschlag abgesichert wurde.

„Was machst du da mit dem Hund"? fragte er, worauf Paddy antwortete: „Bear hat heute Geburtstag und wir waren gemeinsam feiern, jetzt ist er müde und wir gehen nach Hause".

Kopfschütteln vom Polizisten und Gejohle einiger Passanten, die die Szene mitbekamen, waren die Ressonanz auf Paddys Antwort, der unbeirrbar ohne anzuhalten seinen geliehenen Einkaufswagen weiter schob. Schließlich erreichten beide wohlbehalten Carraholly. Bear wachte zwei Tage später an seinem Lieblingsplatz neben dem Kamin wieder auf. Die Feier blieb eine einmalige Angelegenheit.

Mancher Tierschützer wird jetzt natürlich den mahnenden Finger heben und dies als verwerflich und als Tierquälerei ansehen, aber Paddy hat seine eigene Vorstellung, mit Tieren umzugehen. Als ich mit ihm und meiner Nichte bei einem Pubcrawl eine Bekannte mit ihrem Hund auf der Straße traf, kraulte und streichelte er ihn, legte sich auf den Boden unter ihn und wälzte sich umher, der Hund immer oben auf. Es hatte kurz vorher geregnet und die Straße war nass!
Der Hund schaute total irritiert und wusste überhaupt nicht wie er sich verhalten sollte. Zehn Minuten später, in Geraghty's Pub, legte Paddy einen galanten Foxtrott mit einer gut gekleideten, wohl situierten Dame aufs Parkett.

IAN`S MOTORRAD

Paddy und Finbar hatten von Ian Hicks, auch lang-
jähriger Stammgast in John Mc Ging`s Pub, einen
besonderen Auftrag erhalten.
Sie sollten sein Motorrad verkaufen.
Da es sinnvoller war, es in Dublin zu probieren, wo
mehr potenzielle Käufer zu erwarten waren,
schickte Ian also die beiden in die große Stadt. Die
Beteiligung war vorher abgesprochen.
Ian wollte 1000 Pfund und den Rest konnten die
beiden für sich behalten. Man ging davon aus, dass
es kein Problem sei, mit etwas Verhandlungsge-
schick 1250 Pfund beim Verkauf zu erzielen. Also
würde beiden zusammen 250 Pfund bleiben.
Schnell fanden sie einen Käufer für den geschätz-
ten Preis. Die 250 Pfund, die sie erwirtschaftet hatten, waren eine schöne Stange Geld, was natürlich
gebührend gefeiert werden musste. Damit hatten
beide kein Problem. Im Feiern waren sie noch besser als im Erwirtschaften. Da sie in Westport momentan keine Arbeit hatten, gab es auch so schnell
keinen Grund, sich auf die Heimreise zu machen.
Also genossen sie die Zeit. Der Durst quälte und die
beste Brauerei von allen war nicht weit. Dublin
war schon immer etwas teurer gewesen. So ging
das Geld ein wenig schneller weg als gewohnt. Es

war ja genug da. Aber manchmal geht es eben doch ein bisschen zu schnell und eh man sich versieht... Eine Woche nur und die 250 Pfund waren schon weg. Für die Heimfahrt mit dem Zug blieb jetzt eigentlich nichts mehr. Vielleicht ist abwarten ganz gut, vielleicht ergibt sich hier ein Job. Könnte sein. So ungefähr waren die Gedanken, die den beiden wohl durch den Kopf gingen. Nichts tat sich, nichts ergab sich. Nur das Geld schrumpfte. Nach mehr als drei Wochen war es alle. Sie trampten zurück und mussten Ian die Wahrheit beichten.

Beichten war nicht.

Ian war kein Priester und katholisch war er auch nicht. Er war Engländer und Protestant.

O`GRADY`S BAR

Eines Sonntagmorgens machte ich mich auf in die Stadt. Frisch geduscht, mit weißem Hemd und Stoffhosen, ruderte ich zum Festland, stieg in meinen R4 und fuhr ins Städtchen.

Vorbei an der St Mary`s Church, wo, wie jeden Sonntag, wenn es nicht regnete, eine große Menschenmenge stand. Ich ging zu Mc Greevy`s, kaufte mir eine Zeitung und wartete gegenüber vor der West Bar, da diese noch geschlossen hatte.

Es war noch etwas früh, da die letzte Morgenmesse noch im Gange war und solange mussten, laut eisernem Gesetz, die Pubs geschlossen bleiben.

Zu mir gesellte sich Michael Mc Kenna, der jüngste Sohn des besten Männerfriseurgeschäfts der Stadt. Er schaute auch gleich auf die Uhr und meinte, dass wir jetzt wohl noch eine Viertelstunde warten müssten. Es war 12.15. Von der West Bar aus hat man einen schönen Überblick über die gesamte Mall. Erneut fiel mein Blick auf die vielen Leute vor der Kirche. „Warten die auf das Brautpaar?" fragte ich Michael, da ich dort auch Hochzeiten vermutete.

„Nein," antwortete er, „die gehen nie rein, Spötter behaupten, es wären viel mehr vor der Kirche als drinnen bei der Messe. Alle warten auf das Ende und gehen dann ins Pub". „Aha", sagte ich, „das erklärt natürlich den Zuspruch". Michael meinte dann: „Solange wollen wir aber nicht warten. Komm, wir gehen zu O`Grady`s."

Das war gegenüber, auf der anderen Seite des Carrowbeg Rivers. O`Grady`s war aber eine Eisenwarenhandlung und ich wusste nicht, was wir dort sollten, ging aber mit. Die Tür des Geschäfts war nur angelehnt und wir marschierten hinein. Es war dunkel und es standen Schaufeln, Besen, Schubkarren sowie Regale mit Schrauben und Nägel und ähnliche Dinge im Raum. Eben ein Eisenwarenhandel.

Michael lief in schnellem Schritt durch den Laden, gezielt auf eine Tür im hinteren Eck zu. Ich hinterher. Er öffnete die Tür und entgegen kam uns eine Rauchschwade, gepaart mit einem unglaublichen Geräuschpegel, und als wir eintraten, sah ich eine total überfüllte Kneipe, in der absolute Hochstimmung herrschte. Die meisten Gäste waren ziemlich angetrunken und die Stimmung wie auf einem Volksfest. Es wurde gesungen, Gläser in die Luft geschwungen und angestoßen. Die Krawatten der Männer hingen schief, wie auch die Frisuren der erstaunlich hohen Anzahl an Frauen aus dem Leim gegangen waren. Ich hatte das Gefühl, die Party hatte schon gestern Abend angefangen. Mit Mühe kämpften wir uns an den Tresen und bestellten zwei Pints Guinness. Schnell tranken wir unsere Gläser leer und verließen auch bald diese Lokalität wieder, da wir, so früh am Tag, noch auf einem ganz anderen Level waren.

„Haben die jeden Sonntag auf?" fragte ich Michael auf dem Weg in die ruhigere West Bar. Er nickte. „Und die Garda?" „They know...it`s allright."

AUF ISLANDMORE

Ich hatte nicht unbedingt vor zu arbeiten. Nicht, dass ich grundsätzlich was dagegen gehabt hätte. Aber ich wollte einfach sorglos in den Tag hinein leben.

Ohne Aufgabe, ohne Verpflichtung. In den vergangenen Jahren hatte ich Stress genug. In dem Cafe, das ich leitete, war ich zwar der Chef, aber trotzdem hatte ich das Gefühl gehabt, nur Handlanger zu sein. Ich tat nur Dinge, um andere zufrieden zustellen. Seien es die Gäste, das Personal, das Finanzamt, Stadtwerke oder irgendeine andere Behörde. Das war jetzt anders.

Ich genoss es, mit der Natur zu leben.

Die Menschen, die am Meer leben, sind wohl die zufriedeneren Menschen. Vielleicht liegt es daran, dass sie wissen, dass die Natur der Meister ist und der Mensch erst an zweiter Stelle kommt und er sich hier mehr nach der Natur richten muss.

Jeder Fischer, jeder Fährmann oder Bootskapitän weiß das. Die Stürme tun für die Küstenbewohner ihr übriges. Mit der Natur leben ist für mich eigentlich das wahre Leben. Der Mensch braucht nicht viel. Je mehr sich der Mensch von der Natur entfernt, umso mehr Geld braucht er für Ersatzbefriedigungen. Die sind teuer. Um ein relativ armseliges

Leben bezahlen zu können, müssen viele Leute auch noch miesen Jobs nachgehen.

Davon möchte die Industrie und ihre Lobbyisten natürlich nichts wissen. Für die soll man ja schließlich den Sklaven spielen.

Vorerst verdrängte ich jeden Anflug von Gedanken existentieller Art. Ich wusste natürlich, dass es nur wenige Jobs gab. Da ich noch Geld hatte, lag Arbeit erst mal in weiter Ferne. Zu dieser Zeit war so ziemlich jeder arbeitslos, den ich kannte. Paddy sagte gleich in der ersten Woche: „Be one of us", damit meinte er, ich sollte mich auch dem großen Heer der arbeitslosen Iren (damals 17%) anschließen und mich bei der Social Welfare anmelden und die „dole" kassieren. Das Anmelden nennt man „sign on". „Aber solange ich Geld habe, ist das nicht notwendig", erwiderte ich, was für ihn unverständlich war. Würde ich mich anmelden, hätte ich ja mehr, meinte er.

Ich fand das unfair und tat es nicht.

Da es nun mal fast keine Jobs gab, muss der Staat jedem dafür Geld geben, war die Einstellung. Es wurde auch anstandslos und ohne Bedingungen an fast jeden, der es beantragte, ausbezahlt. Damals schon spielte aber auch das EU-Herkunftsland eine Rolle. Mein Namensvetter Jörgen Fischer aus Schweden bekam nichts. Engländer, Schotten, Deutsche und einige Spanier, die ich kannte, bekamen es ohne Probleme. Natürlich auch alle Insulaner, die noch zusätzliche Zahlungen für ihre Boote bekamen. Die Inseln sollten besiedelt bleiben. Erst als Irland richtig boomte, etwa 2005, waren genug Mittel zur Verfügung, um auf allen Inseln in der Clew Bay Stromleitungen zu legen.

Es gab eine Geldquelle, die eigentlich jedem offen stand: Muscheln sammeln. Nicht die, die man als Miesmuscheln kennt, sondern so genannte Periwinkles. Die sind rund, variieren in der Größe zwischen einer Kirsche und einer Pflaume, je nach Fanggründen. Außen sind sie schwarz und der kleine innere, sichtbare Rand ist weiß. Man sammelt sie bei Ebbe und findet sie meist unter oder zwischen Seegras. Bei dem Zyklus zwischen Ebbe und Flut, alle sechs Stunden, der sich dann nach und nach um einige Minuten verschiebt, hat man etwa zwei bis drei Stunden Zeit zum Sammeln. Aber die Tidenbewegung schwächt noch zusätzlich alle 14 Tage ziemlich ab, das heißt, der Unterschied zwischen Ebbe und Flut ist minimal. In diesen Tagen macht das „Picken" nicht viel Sinn. Der Ertrag ist zu gering. Aber im Laufe eines Monats kann man relativ viel Geld verdienen. Man steht immer gebückt und es schmerzt natürlich, besonders, wenn man es nicht gewöhnt ist.
Ann und Didi wollten mir diese Einkommensquelle erschließen und nahmen mich eines Dienstags mit auf ihre Insel.
Auf der Hinfahrt mit Didis Fischerboot wollten wir noch ein paar Makrelen für unser Abendbrot fangen. Das klappte normalerweise recht gut. Man braucht dafür noch nicht einmal eine richtige An-

gel, nur eine lange Angelschnur, an der mehrere Blinker in Paternosterform festgemacht sind, und ein Stück Holz, an der die Schnur verknotet ist. Man lässt die Schnur, während man mit dem Boot nicht allzu schnell fährt, ins Wasser und wartet, bis man einen Biss spürt. An diesem Tag war das leider selten der Fall. Während der Hinfahrt hatten wir keinen einzigen Biss. Wir kreuzten noch über eine Stunde zwischen dem Leuchtturm und Islandmore hin und her und konnten nur eine einzige Makrele fangen. Etwas wenig für drei Leute. Es wurde langsam dunkel, so dass wir es aufgaben.

Ann machte das Beste daraus und bereitete uns eine Kartoffelbrei-Makrelen Frikadelle, die wunderbar schmeckte, von der Menge her aber doch ziemlich bescheiden war. Die Stimmung war trotzdem gut und wir genossen eben, was wir hatten.

Während Ann die Teller abräumte, entdeckte Didi plötzlich ein herrenloses Boot auf dem Meer.

Nach einem weltweit geltenden Gesetz gehört jedes Boot, das ohne Skipper unterwegs ist, demjenigen, der es birgt und an sich nimmt. Üblich ist, dass der Finder mit dem Besitzer, sofern er ihn ausfindig machen kann, Kontakt aufnimmt und dann über die Rückgabe verhandelt.

Didi kannte das Boot und den Besitzer.

Er zog sich hastig seine Angelhosen und den gelben Friesennerz über und erklärte, dass er nur kurz das Boot abschleppen und dem Besitzer zurückbringen möchte. Hilfe bräuchte er keine, es dauert ja nicht lange. Dann saßen wir alleine im „Salon" und genossen die Ruhe. Nur das Radio lief ganz leise.

Ann holte sich Schreibutensilien und begann an ihre Freundin Mary in New York zu schreiben.

Ich setzte mich in einen Sessel, von dem ich den ganzen Raum aus überblicken konnte.

Der Hauptraum war aufgeteilt in Küche und Wohnzimmer. Daran angrenzend führte eine Tür, die immer offen stand, direkt ins Treibhaus. Das half, den Raum angenehm temperiert zu halten.

An der Decke hing ein Holzgerüst zum Kleidertrocknen und über dem Schrank war ein rotes Segel des traditionellen Holzbootes, das Didi als Beiboot benutzte, provisorisch festgemacht.

Neben meinem Sessel stand noch ein Regiestuhl, der mit einem Fischernetz, vermutlich Strandgut, zusammengehalten war. Ich kam mir vor wie auf einer Südseeinsel bei einem alten Seebären, der hier mit seiner Eingeborenen lebt.

Ich fühlte mich in diesem Moment so wohl wie fast noch nie in meinem Leben. Irgendwann spielte das Radio auch noch: Have I Told You, lately... von Van Morrisson. Vor Freude wäre ich am liebsten an die Decke gesprungen. Aber ich sagte nichts, bewegte mich nicht, habe nur das Glücksgefühl genossen.

Relativ früh ging ich an diesem Abend ins Bett.

Didi war noch nicht wieder zurückgekehrt.

Am nächsten Morgen wachte ich schon gegen sechs Uhr auf. Ich zog mir was über und lief zur Küche, um mir einen Tee zu machen.

Schon auf Höhe der Eingangstür lag das erste Kleidungsstück, die Regenjacke, ausgebreitet und klatschnass auf dem Boden. Es folgten Angelhose, Strümpfe, Pullover, Mütze, noch ein Pullover und ein paar Jeans. Alles schwamm in mehreren Pfützen auf dem Betonboden.

Das Szenario erklärte mir sofort, was mit Didi passiert war. Die Indizien waren eindeutig.

Wie er mir auch später bestätigte, hatte ihn der Bootsbesitzer, der zwei Inseln weiter wohnte, für die Rückführung des Bootes angemessen belohnt. Die ganze Whiskeyration, die er im Hause hatte, wurde gebraucht, um die Leistung zu honorieren.

Vermutlich aufgrund der schlechten Sichtverhältnisse, stieg Didi bei seiner Ankunft am Morgen etwas zu früh aus seinem Boot aus und fiel ins Wasser. Ich sah ihn an diesem Tag nur zweimal kurz, als er sich in der Küche einen Tee machte und später beim Abendessen.

Ich ging mit Ann auf einen Inselspaziergang. Wir liefen zuerst einmal Richtung Dorf. Es war vor vielen Jahren einmal eine kleine Gemeinde mit fünf Häusern. Die meisten ehemaligen Inselbewohner sind in die USA ausgewandert. Zwei Häuser waren noch in guter Verfassung. Das erste Haus, welches der Familie Gil gehört, hatte sogar noch eine komplette Gaslichtanlage, die durch das ganze schlauchförmige Haus führte. Im Eingangsbereich hing noch ein gerahmter Zeitungsausschnitt von 1910 mit einem Foto eines ehrenwerten Familienmitglieds und Soldaten der Irisch Republikanischen Armee.

Das letzte Haus im Dorf gehörte dem Piloten Frank („the wank") aus Dublin, der sporadisch zu Besuch kam. Die anderen drei Häuser waren mehr oder weniger verfallen.

Durchs Dorf zu laufen war wie der Besuch eines lebenden Museums. Viele Mauern waren mit Sträuchern und Pflanzen überwuchert, was alles noch eindrucksvoller erscheinen ließ.

Hinter dem Dorf war es nicht weit bis an einen der Strände und wir gingen direkt ans Wasser. Das Meer war gerade am Ablaufen und Ann zeigte mir, wie man die Periwinkles pickt und wo man am schnellsten die meisten auf einmal findet. Kniend und mit Knieschützern ausgerüstet, kann man, wenn man schnell und ehrgeizig ist, schon in kurzer Zeit mehrere Säcke voll machen. Wenn der Preis stimmt, ist es immer eine gute Einkunftsquelle. Im Winter liegt der Preis etwa bei € 75 für 50 Kilo. Der Fischhändler hat die Muscheln und alles, was sonst noch in der Bucht gefangen wurde, alle zwei Wochen nach Paris fahren lassen. Ich habe seltsamerweise noch nie jemanden diese Muscheln essen sehen. Obwohl ich schon vieles aus dem Meer probiert habe, die Periwinkles habe ich nur gepickt.

Nach der kleinen Einweisung von Ann beließen wir es dabei. Es war die weniger ertragreiche Zeit und außerdem war für Ann und Didi (der heute erschöpft ausfiel) eher Gartenarbeit angesagt.

So trotteten wir wieder langsam zurück. Ann ging ins Haus und ich begab mich noch etwas auf Erkundungstour.

Um Didis Anwesen herum erklomm ich den höchsten Punkt der Insel. Oben auf dem Kamm hatte ich eine tolle Aussicht. Nicht vergleichbar mit der, die man vom Festland aus hat. Es ist ein völlig anderes Gefühl, wenn man von allen Seiten mit Wasser umgeben ist. In 50 Meter Höhe überkommt einen regelrecht ein königliches Gefühl der Freiheit und der offenen Weite. Wunderschön anzusehen sind die kleinen Inseln, die in der Eiszeit hier geformt wurden. Ich lief den Kamm entlang bis zum südlichen Ende der Insel. Dort ging es sehr steil nach unten und ich war auf einer Kiesbank angekommen. Sie war etwa 300 Meter lang, 30 Meter breit und mit schweren Schottersteinen gegen die starken Winterstürme geschützt. Es war so eine Art Schutzwall für den inneren Teil der Bucht.

Am Ende stand der weithin sichtbare Leuchtturm.

Der Anblick weckt bei mir immer ein Gefühl von Fernweh und Wehmut, gepaart mit Abschied und Vergänglichkeit.

Ich musste bei jedem Schritt gut aufpassen, da die großen Steine nass und glitschig waren. In der Mitte der Kiesbank wurde dem Meer ein kleiner Durchlass von etwa 10 Meter gewährt. Ebbe und Flut konnten sich hier bequem durchspülen und die Bank war nicht ständig dem gesamten Druck ausgesetzt.

Dieser Durchgang hatte natürlich sehr viel Strömung. Als ich mich näherte, nur etwa 20 Meter entfernt, entdeckte ich einen Otter, der dies perfekt für sich ausnutzte. Am Rand, wo die Strömung schwächer war, schwamm er gegen sie an, bis er die Kiesbank erreicht hatte. Dann benutzte er einen Stein um sich wieder in entgegen gesetzter Richtung, zur Strömung hin, abzustoßen. Dabei drehte er sich auf den Rücken, streckte seine Pfoten nach hinten und ließ sich so weit treiben, bis die Strömung nachließ. Das wiederholte er mit einer spürbaren Begeisterung immer wieder. Er schaute in meine Richtung, setzte sein Spielchen unbeeindruckt fort und schien es gründlich zu genießen. Offensichtlich hatte er heute viel Zeit für Vergnügen. Nach etwa einer Viertelstunde kam noch ein kleinerer Otter dazu und beteiligte sich. Abwechselnd nutzten sie nun die Strömung und hatten sich und mich dabei immer im Blickwinkel.

Ich hatte nicht im geringsten das Gefühl, sie gestört zu haben. Ich war eben auch da. Mit einem warmen Gefühl der Verbundenheit mit Tier und Natur machte ich mich auf den Weg zurück zum Haus.

Ann hatte das Abendessen vorbereitet. Es gab verschiedene Salate aus dem Garten, Austern, Muscheln, frisches, selbstgebackenes Brot und selbstgebrautes Bier. Didi nahm auch am Abendessen teil, verschwand danach aber sofort wieder in seinem Schlafgemach um sich zu schonen. Er hatte gestern ja auch eine hervorragende Leistung gebracht. Am Morgen tuckerten wir wieder in die Stadt. Das Wochenende stand an.

Gemüsegarten auf Islandmore

CAMPBELL`S PUB / CROAGH PATTRICK

Sonntage habe ich meistens mit einem Ausflug be-
gangen. Solange ich Fußball spielte, war das eher
sporadischer Natur, aber später wurden es regelmäßige Ausfahrten, gepaart mit einer kurzen Wanderung. Meistens war Didi dabei. Manchmal auch
Padraigh oder Riccardo.

Sonntagsausflug mit Didi und Padraigh und
der spontanen Gründung der
„Freedom Republic of the Moun tains".

Als ich Didi zur allerersten Ausfahrt abholte, war er
sehr verwundert, da spazieren fahren für ihn was

Neues war. Er kannte nur die Fahrten von A nach B. Zielorientiert, sparsam und ohne Spielereien. Da kam bestimmt der rationale Norddeutsche zum Vorschein. Es wird seinen Grund haben, warum es in Hamburg die meisten Millionäre in Deutschland gibt. Jedenfalls war er schon bei der ersten Ausfahrt überzeugt und wir behielten dies über Jahre hinweg bei.

Die erste Ausfahrt führte uns nach Louisburgh, welches etwa 25 Kilometer in westlicher Richtung liegt. Auf dem Weg dorthin liegt, nur 5 Kilometer außerhalb Westports, Irlands heiliger Berg, der Croagh Patrick.

Auf diesem Berg soll der Heilige St. Patrick vierzig Tage gefastet und die Schlangen aus Irland vertrieben haben. An jedem letzten Sonntag im Juli laufen Pilger den knapp 800 Meter hohen Berg hinauf. Die Zahlen variieren, zwischen 30 – 50 000 sollen es sein. In früheren Zeiten liefen die Gläubigen sogar barfuss hinauf, was zu vielen Verletzungen führte und dann verboten wurde. Für den einfachen Weg braucht man etwa zwei Stunden. Die letzten 150 Meter sind so steil, dass man denkt, man klettere an einer Wand hoch. Oben angekommen, wird man für seine Strapazen belohnt. Die Aussicht ist überwältigend. Man überblickt die Clew Bay mit ihren vielen Inseln, die Berge von Connemara in südlicher Richtung, Achill Island und die bewaldeten Berge hinter Castlebar.

Am Fuße des Croagh Patrick gibt es ein Besucherzentrum, einen großen Parkplatz und ein Pub,

Campbell`s Pub. Didi machte mir den Besuch schon auf der Hinfahrt schmackhaft. „Dort drin bedient der hässlichste Kneipenwirt von ganz Mayo. Dort müssen wir unbedingt einkehren."

Wir fuhren aber erst mal weiter an der Bucht entlang zu einem Pier, der sich Old Head nennt. Auch hier hat man eine wunderschöne Aussicht auf die Berge und die Bucht. Zu beiden Seiten sind schöne Sandstrände, die im Sommer auch gut besucht sind. Zur Linken befindet sich ein bewaldeter Hügel, der steil aufragt und für eine kleine Wanderung wunderbar geeignet ist. Wir liefen aber nur den Pier entlang und schauten uns die Boote der Fischer an, die hier festgemacht waren. Als ich mit meinem Vater Jahre später hierher kam, war eine tote Lederschildkröte aufgebahrt, die von der Karibik hier angetrieben worden war.

Weiter ging es zu meinem Lieblingsstrand, der offiziell White Strand heißt. Nachdem wir das Auto am Parkplatz abgestellt hatten, mussten wir erst die Schuhe ausziehen und durch einen eiskalten Bach waten. Das Wasser kommt aus den Bergen und ist auch im Sommer eiskalt. Dann läuft man etwa 300 Meter nur durch Sand, bis man das Meer erreicht hat. Hier kann man zur Rechten die Insel der Piratenkönigin Grainne O`Malley und zur Linken die Inseln Inish Bofin und Inish Turk erkennen. Der Strand ist ungefähr 3 Kilometer breit und meist menschenleer. Am rechten Ende des Strandes sind einige dünenartige Sandberge zu erkennen, von denen es heißt, dort wären während der großen Hungersnot (The Great Famine 1845-52) viele Leichen vergraben worden.

Ein ganzer Zug Hungernder lief im März 1849 bei starkem Wind und Regen zu Fuß von Louisburgh bis zur Delphi Lodge (etwa 20 Kilometer entfernt), damals ein altes englisches Herrenhaus, weil ein Gerücht besagte, dort würde Essen ausgegeben werden.

Dem war leider nicht so.

Sie wurden wieder nach Hause geschickt. Den Marsch zurück schafften einige, völlig entkräftet, nicht mehr und starben unterwegs.

In einem Massengrab wurden sie beerdigt.

Der Weg führte sie damals an Doolough vorbei, einem See, der rundherum von Bergen eingekesselt und einer der schönsten in der Umgebung ist. Ein Mahnmal mit einem Spruch von Mahatma Ghandi wurde dort errichtet.

Die Delphi Lodge gibt es heute noch und ist ein muffiges und etwas altmodisch gehaltenes Hotel.

Es beherbergte schon Gäste wie z.B. Prinz Charles, Jackie Charlton, Vanessa Redgrave, Timothy Dalton;

Am linken Ende des Strandes wird es dann hügelig und eine Kette von Klippen erhebt sich und steigt 20 Meter an. Folgt man diesen Klippen noch ein paar hundert Meter weiter, kommt man zu einem kleinen wunderschönen Strand, nur etwa 30 Meter breit und ein echtes Kleinod. Die Einheimischen nennen den Ort O`Malley`s Corner. Man merkt hier kaum, wie die Zeit vergeht. Die unendliche Weite

126

zieht einen in seinen Bann. Wenn ich hier aufs Meer hinaus schaue, muss ich automatisch daran denken, dass erst in 3000 Meilen wieder Land zu sehen ist.

Es wurde Zeit für die Rückfahrt. Wir hatten ja noch den Besuch von Campell`s im Programm.

Didi hatte recht gehabt, dachte ich, als wir eintraten. Der Wirt sah wirklich nicht gut aus.

Man sagt es nicht gerne. Es klingt überheblich und ungerecht. Aber wer sagt schon, dass die Welt gerecht sei.

„Du hast recht, der Typ ist echt keine Schönheit,“ sagte ich zu Didi, der mich dann überrascht anschaute und meinte: „Nee, den meine ich nicht, das hier ist sein Bruder.“ Worüber ich dann wiederum ziemlich verwundert war. Gab es noch eine Steigerung? Nun ja, alle drei Brüder, die das große Haus bewohnten, hatten ihren eigenen Charme.

Der uns an diesem Tag bediente, war gutgelaunt und gesprächig. Wir unterhielten uns auch ganz angeregt, da er eine zeitlang in Hannover lebte und einiges über Deutschland zu erzählen wusste. Er hatte sich anscheinend dort sehr wohl gefühlt, da er uns beide zu einem Drink auf Kosten des Hauses einlud, was ich in Irland sehr selten erlebt habe. Später lernte ich ihn etwas näher kennen, da er Musiksessions für Sonntagabend organisierte und ich gelegentlich mit dem Musiker Tommy Hodgins hinfuhr. Zu Beginn des Abends begrüßte Michael, so hieß er, alle Gäste mit einer kleinen offiziellen Ansprache. Zum Abschluss verabschiedete er diese auch mit einigen Worten und dehnte es jedesmal so lange aus, bis alle Anwesenden spürbar nervös wurden. Er genoss es und nutzte weidlich aus, dass zumindest am Anfang des Abends alle zuhören mussten. Am Ende blieben sie auch aus Höflichkeit. Die Iren sind ja schließlich anständige Menschen.

Ohne Zweifel war er ein kleiner Poet. Er hatte immer etwas Lyrisches auf Lager. Wenn er dies loswerden musste, rief er einen der Gäste zu sich und flüsterte, meistens in geduckter Haltung, um seinen Gegenüber in den Bann zu ziehen und seinem Vortrag noch mehr Bedeutung beizumessen. Es waren seine eigenen doppelsinnigen Reime, philosophische Leitsätze oder Zitate bekannter Dichter, wie z. B. des leider schon verstorbenen, momentan wohl bekanntesten irischen Dichters Seamus Heaney, der 1995 den Nobelpreis für Literatur erhielt.

Nachdem wir Campbell`s hinter uns gelassen hatten, schauten wir uns noch englischen Fußball im O`Malley`s Pub an, bevor Didi sich in die Highstreet zu Ann aufmachte und ich Richtung Insel fuhr.

Am Boot angekommen, kam mein Nachbar Pat Fadgen um die Ecke der kleinen Landzunge, von der aus man meine Insel sehen konnte. Überraschenderweise hatte er ein Gewehr in der Hand.

„Was in aller Welt machst Du denn damit"? fragte ich ihn. „Fische schießen, es sind aber leider keine vorbei gekommen", bekam ich zur Antwort.

Ich schaute wohl sehr verwundert, denn er erklärte mir gleich, dass eine Fischart, die Mullets, mit der Flut schwimmt, und zwar ganz vorne auf den ersten Wellen. Man würde sie gut sehen und könne sie daher schießen.

Das hatte ich noch nie gehört und ich war ziemlich verblüfft. Von da an ging ich zu gegebener Zeit bis zur „Muschelbucht", wie ich sie nannte, die etwa 100 Meter rechts vom Haus lag, und beobachtete die hereinkommende Flut.

Ich nannte sie so, weil dort Miesmuscheln in Hülle und Fülle zu finden waren. Ich musste mich zwingen, sie nur ein oder höchstens zweimal die Woche zu essen. Vor meinem Haus stand immer ein Eimer geernteter Muscheln. Bei schönem Wetter setzte ich mich auf die Steinmauer und trennte mit einem Messer den Bart von den Muscheln.

Die Mullets habe ich dann auch eines Tages gesehen. Man konnte die Fische wirklich gut erkennen. Es sah aus, als würden sie auf den vordersten Wellen tanzen. Da sich die Flut nur langsam vorwärts bewegt, nutzten sie die ganze Breite der Bucht, etwa 150 Meter, auf der sie sich fast wie Wellenreiter hin und her bewegten. Es war ein sehr beeindruckendes und faszinierendes Schauspiel. Das hinterließ einen nachhaltigen Eindruck bei mir. Vielleicht noch mehr, da ich alleine war und mich mit niemandem austauschen konnte.

Nachdem Ann mir das Picken der Periwinkles gezeigt hatte, machte ich es mir zur täglichen Aufgabe, bei Ebbe an den Strand zu gehen und den Sack zu füllen, den ich mir beim Fischhändler geholt hatte. Auf meiner Insel waren sie um einiges größer, wie Didi neidisch feststellte. Wenn ich am Wochenende in die Stadt fuhr, lieferte ich den Sack beim Fischdealer ab. Sein Haus lag auf dem Weg, nur 2 Kilometer von mir entfernt. Ich wurde cash bezahlt und bezahlte damit meine Drinks.

Meine Nachbarn waren sehr freundlich und hilfsbereit. Jeder hatte mir einen Schlafplatz angeboten, falls das Wetter eine Überfahrt unmöglich machte, oder aus welchen Gründen auch immer. Egal wo ich auch wohnte, in Irland war der Nachbar eher ein Freund, als eine lästige Bekanntschaft, wie man es oft genug von Deutschland her kennt.

Das Motorrad, das Ian unter jenen ungünstigen Bedingungen abschreiben musste, war nicht der einzige Verlust, den er zu erleiden hatte.

In der Bucht, in der ich mein Boot ankerte, waren einst drei andere Boote zu Hause. Für jede der ansässigen Familie eins.

Bis jener Sturm kam.

Die Bootsbesitzer wussten Bescheid und hatten sich vorbereitet und die Boote gut gesichert.

Ian`s Haus lag an der Stirnseite der Bucht. Die Küche und Hauptaufenthaltsraum hatte die Fenster in Richtung Bucht. So hatte er auch sein Boot immer in Sichtweite, etwa 150 Meter entfernt. Als der Sturm kam, saß Ian am Fenster und beobachtete die Wellen und das Naturschauspiel. Nicht immer sind die Stürme so stark wie angekündigt. Dieser aber schon. Er war sogar noch gewaltiger.

Ian schaute also hinaus und musste mit ansehen, wie sein geliebtes Boot plötzlich wie bei einem Tornado sich geschätzte 10 Meter in die Lüfte hob, die Ankerschnur riss und das ganze Teil dann in Richtung Küchenfenster auf ihn zuflog.

Etwa 50 Meter vor dem Haus drehte das Boot nach links ab, flog eine kleine Kurve, blieb einen Moment in der Luft stehen und fiel dann mit dem Kiel waagerecht wie ein Stein auf den Boden.

Es war in unzählige kleine Teile zerschmettert und unmöglich zu reparieren. Das Boot war so zerfetzt, dass man die Holzteile nicht einmal für eine Ausbesserungsarbeit hätte benutzen können. Jahrelang blieb das Wrack unberührt an seiner „Absturzstelle". Ein regelrechter Albtraum für Ian. Die Bucht hatte von da an nur noch zwei Bootsbesitzer.

Da waren die Gerichtskosten und Geldstrafen, die er bei einer anderen Geschichte bezahlen musste, noch harmlos und bedeutend leichter wegzustecken. Didi, Paddy, ein gewisser Paul Clarke und eben Ian waren Torfstechen gewesen. Sie arbeiteten, bis es fast dunkel war, und kamen gerade noch rechtzeitig eine Minute vor halb elf in ein Pub etwas außerhalb Westports. Sie bestellten vier Guinness, aber der Wirt verweigerte ihnen diesen Genuss. Er wollte nichts mehr ausschenken und schließen. Wie Didi mir versicherte, gibt es ein Gesetz, wenn man zu den vorgeschriebenen Zeiten ein Getränk bestellt, sei es die Pflicht des Wirtes, dem Wunsch nachzukommen. Dies führte zu einem heftigen Wortgefecht, aber der Wirt blieb stur. Ganz besonders bei Didi weiß ich, wie sehr das seine Laune beeinträchtigt. Es ging hin und her, aber der Wirt gab nicht nach.

Didi erzählte mir, dass er dann plötzlich vor sich einen schweren Barhocker und diesen wunderschönen großen Spiegel hinterm Tresen erblickte. Da konnte er einfach nicht widerstehen. Er nahm den Barhocker, hob ihn hoch und warf ihn mit aller Kraft in den Spiegel.

Das war die Initialzündung. Paddy, Paul und Ian machten es ihm nach und gaben dem Spiegel den Rest. Die Gläser und alles, was gerade griffbereit und handlich war, wurde hinter die Theke an die Wand geworfen.

Ein Meer von Scherben lag am Boden, als die Garda eintraf. Viel Spaß hatten die vier zwar am Ende gehabt und sich mal so richtig ausgetobt, aber trotzdem kein Guinness und eine Gerichtsverhandlung am Hals.

Wie üblich in Irland werden Namen und Adressen der Angeklagten und die Strafe, die ausgesprochen wurde, in der Zeitung aufgeführt. Ian nahm die Hauptschuld auf sich und bezahlte den Schaden. Inklusive der Strafen. Geld hatte außer ihm sowieso keiner. Alles in allem hat er so um die 100 Pfund bezahlt.

Nette Geste. Real gentlemanlike.

Dafür war er ja auch Engländer, die für so was bekannt sein sollen.

Der Zeitungsausschnitt über die Verhandlung hing jahrelang in Didis Inselhaus als Trophäe an der Wand.

Den Verlust des Bootes hat Ian nie ganz verwunden. Zu seinem Boot hat man ein besonderes Verhältnis. Es kommt nicht von ungefähr, dass im Englischen ein Boot eine „she", also weiblich ist.

Als mein Boot bei einem Sturm 100 Meter weiter und mit dem Anker weggeschleift wurde, empfand ich ein zärtliches Gefühl der Zuneigung und Freude, als ich „sie" dann wieder gefunden hatte. Sie war nämlich um die Ecke einer Landzunge gezogen worden und komplett aus dem Blickfeld entschwunden.

Mein schönes Holzboot blieb die ersten Wochen auf der Insel dicht, aber mit der Zeit leckte es mehr und mehr. Durch den Kontakt mit Kies und Steinen, wie der Meeresboden am Ufer beschaffen war, hielt es einfach nicht mehr.

Man muss ein Boot dieser Art regelmäßig neu abdichten. Die irisch traditionelle Art wird mit „to cork it" bezeichnet. Man stopft Schnur in die Löcher und versiegelt dann die Stelle mit Teer.

Da ich aber bei schönem Wetter nur zehn Minuten für die Überfahrt brauchte, war das egal. Bei Flut lief nach und nach immer mehr Wasser ins Boot, bis es sogar komplett unter Wasser war und man es nicht mal mehr sehen konnte.

Diebstahlsicher sozusagen.

Lief die Flut ab, lief auch das Wasser mit raus. Dann ruderte ich los. Ich konnte gut damit leben, obwohl die Nachbarn mich manchmal etwas verwundert und zweifelnd anschauten.

John Rose, einer der Nachbarn, war aus Liverpool und hatte dort bei Massey Ferguson über 30 Jahre gearbeitet und war Spezialist für Motoren. Er fuhr einen alten Ford und hatte ihn eigenhändig auf Gas umgebaut. Selbstverständlich verboten, aber günstiger. Hinten im Kofferraum war die Gasflasche und es kostete ihn fast gar nichts damit zu fahren.

Das war auch gut so, denn er musste seine Frau Peggy Sonntagmorgens dreimal in die Kirche fahren. Zur Messe um 7 Uhr, um 9 Uhr und um 11 Uhr! Er selbst ging nie in die Kirche. Er erzählte mir eines Sonntags, dass er in seiner Kirche schon um 6 Uhr morgens gewesen sei.

Dabei zeigte er hinaus aufs Meer. Es war die Zeit der Springflut gewesen, da konnte man bei Ebbe sehr weit auf dem Meeresboden hinauslaufen.

So nett meine Nachbarn und Freunde auch waren, für immer wollte und konnte ich nicht auf der Insel bleiben. Das Geld ging langsam aus und irgendwann ist jeder Urlaub zu Ende. Auch wenn er ein Jahr gedauert hatte.

Meinen R 4 verschenkte ich an Sean, einen neuen Mitbewohner im Carrowholly Hippie Haus. Er wolle ihn erneuern und fahren. Sagte er.

Verkauft hat er aber die Einzelteile und der Motor lief noch, in einem anderen Auto eingebaut, auf

Inish Turk. Dies und noch etwas mehr erfuhr ich erst, als ich einige Monate später wieder zurückkehrte. Bei Ann konnte ich meine Sachen unterbringen, was es mir ungemein erleichterte zurückzufahren und auch wiederzukommen.

Ich brauchte nur in ein Flugzeug zu steigen und mir eine Wohnung oder ein Haus zu suchen.

In der Zeit allein auf der Insel hatte ich so viel gelernt wie noch nie in meinem Leben zuvor.

Vor allem habe ich mich selbst kennen gelernt.

Mein Bezug zu Arbeit hatte sich komplett verändert. Ich suchte regelrecht nach Beschäftigungen.

Die Fülle an Möglichkeiten begann ich zu erkennen. Hier lag vielleicht auch der Grundstein für den Drang, künstlerisch tätig zu werden.

In Deutschland empfand ich alles, was mit Arbeit zu tun hatte, als lästig. Ich fühlte mich dazu gezwungen, sozusagen als Pflicht der Gesellschaft gegenüber. Nie hatte ich das Gefühl, es für mich zu tun. Ich empfand die Atmosphäre an deutschen Arbeitsplätzen als viel zu gereizt, fast aggressiv. Deswegen war es mir rätselhaft wieso jemand gerne arbeiten geht. In Irland habe ich mich immer frei gefühlt. Ein Gefühl, das ich in Deutschland noch nie hatte.

Ein Abschnitt war aber jetzt erst mal beendet.

Ich war gegangen, um wiederzukommen.

WOHNEN IN DER STADT

Es vergingen einige Monate, bis ich wieder nach Westport zurückkehrte. Ich nahm einen Job als Frühstückskoch bis zum Ende der Touristensaison im Hotel Westport an.

Stressig zwar, aber ein Anfang.

Ich bezog dann mit einiger Verzögerung ein schönes Häuschen in der Altamount Street.

Es war zweistöckig, hatte unten eine große Küche und ein Zimmer zum Eingang zur Straße hin. Die Treppe hoch waren das Bad und zwei Schlafzimmer. Von der Küche aus ging es direkt in einen kleinen Innenhof und über eine Treppe hoch in den Garten. Der war 80 Meter lang und ungefähr fünf Meter breit.

Mitten in der Stadt zu wohnen ist ein Vorteil, kann aber auch zum Nachteil werden, z. B. wenn man zu oft Besuch bekommt und leicht erreichbar ist.

Zweimal klopften Geschäftsinhaber an meine Tür und fragten, ob ich für sie arbeiten wolle.

Was für eine Belästigung!

Einer hatte ein Transportunternehmen, der andere eine Getränkehandlung.

Ich entschied mich für den Getränkehändler.

Der war stinkreich und unglaublich geizig wie ich später feststellte. Für ihn fuhr ich drei Tage die

Woche Getränke in der Umgebung aus. Ich kam in Ecken des Countys, die ich sonst nie gesehen hätte. Mittwochs wurde Achill beliefert.

Das war der spektakulärste Ausflug.

Achill Island ist eine große Insel, die aber mit einer Brücke mit dem Festland verbunden ist. Heinrich Böll lebte hier und schrieb sein „Irisches Tagebuch." Sein Haus wird im Rahmen eines Stipendiums Nachwuchsschriftstellern einige Wochen zur Verfügung gestellt.

Das Wetter war auf Achill noch etwas rauher.

Der Wind blies immer. Aber die spektakulär schöne Landschaft mit Felsen, Strände, Meer und das selbstverständliche Grün entschädigen für einen noch so heftigen Sturm. Selbst wenn sich noch ein Wolkenbruch dazu gesellte...

Der Transportunternehmer, der mich engagieren wollte, sah in meinem Häuschen einige Holzobjekte für die er sich sehr interessierte.

Ich hatte begonnen in den um Westport umliegenden Mooren Hölzer zu sammeln, die zum Teil mehrere tausend Jahre alt waren und Skulpturen oder Möbelstücke herauszuarbeiten. Je nach dem was ich in dem Teil sah.

Ein Objekt hatte es ihm besonders angetan. Es war ein ungewöhnlich geformtes Stück Holz, das auf seinen eigenen drei Füßen stand. In dieses Stück hatte ich Bohrproben einer finnischen Firma, die am Croagh Patrick nach Gold suchte, eingefasst und darauf eine nach meiner Schablone angefertigte Glasplatte in Nierenform gesetzt.

Verkaufen wollte ich ihm das nicht und für ihn arbeiten auch nicht.

Mit langem Gesicht zog er wieder ab.

Zwei Wochen später kam er wieder und überfiel mich regelrecht: „Morgen habe ich Hochzeitstag und ich will meiner Frau den Tisch schenken!"

Da blieb mir wohl oder übel nichts anderes übrig. Den Preis, den er mir für das Teil bot, war in Ordnung und ich willigte schließlich ein.

Ich hatte mein erstes Objekt verkauft, obwohl ich nicht im entferntesten daran gedacht hatte.

Mr. Cunningham, so hieß er, setzte noch einen drauf, als er sich verabschiedete: „Deinen Morris Minor kaufe ich dir auch noch ab."

Damit meinte er den Oldtimer, den ich aus Ians Schuppen wieder zum Leben erweckt hatte.

Einige Jahre zuvor hatte ich jenen Morris Minor zum ersten Mal gesehen und war sofort Feuer und Flamme. „Den kauf ich dir ab und restauriere ihn", versprach ich Ian, der ihn selbst nie gefahren hatte.

So geschah es dann auch, ungefähr fünf Jahre später. Ich hatte zwar wenig Ahnung von Autos, aber man kann sich in alles hineinarbeiten.

Außerdem kannte ich zwei Brüder, die Engländer Malcolm und Norman Smith, die mir weiterhelfen konnten. Beide hatten Autowerkstätten.

Nicht solche nach deutschen Maßstäben. Davon waren sie Lichtjahre entfernt.

Beide Werkstätten waren auch Ersatzteillager.

Gebrauchter Ersatzteile. Wenn sie keine Ersatzteile hatten, was kaum vorstellbar war, so wurden sie gemacht. Eine Lösung fand sich immer. Darin lag ihre wahre Leidenschaft.

Malcolm war nebenbei noch Erfinder und Ingenieur. Die Schuppen, die beide neben ihren Häusern hatten, waren bis unters Dach gefüllt mit alten Bootsmotoren, Rasenmähern, aufgeschnittenen Ölkanistern voller Schrauben und Muttern, Reifen, Spraydosen usw.

Am besten gefiel mir, dass sie kein einziges Neuteil hatten. Dementsprechend war alles ölverdreckt und rostig. Aber brauchbar. Man könnte es als „nachhaltige Autoverwertung" bezeichnen.

Malcolm war für die Elektrik zuständig und ich würde die Karosserie einigermaßen verbessern.

Der Vorbesitzer, ein Rumäne, der seit mittlerweile über zwanzig Jahren Jaguars in Neuseeland verkauft, hatte sich ab und zu mal überschlagen. Dem entsprechend gab es auch einige Dellen auf dem Dach!

Nach zwei Monaten fuhr das Ding, hatte einen neuen Anstrich und war MOT abgenommen, die freundschaftliche Variante des TÜVs.
Wer mich bis dahin noch nicht kannte, wusste spätestens jetzt, dass es mich gab.
Der Oldtimer war natürlich sehr auffällig und entsprach ganz und gar nicht dem Zeitgeist. Die Iren wollten Neues, da sie gerade auf dem Weg waren, zum ersten Mal in ihrer Geschichte wohlhabend zu werden. Trotzdem machte der graue Morris Minor Van auf dem Hotelparkplatz anscheinend Eindruck.

Der Chefkoch vom Hotel Westport, Stephen Fitz-
maurice sprach mich verwundert an, da er sich gerade einen neuen Toyota für 30000 Pfund gekauft
hatte: „Warum unterhalten sich die Leute im Hotel
eigentlich über dein altes Auto?"

Ich genoss die Spazierfahrten, die ich so oft wie möglich unternahm und fühlte mich wie auf Dauerurlaub.

Ich hatte mittlerweile im Hotel (der Fahrerjob bei dem Getränkehändler fiel in die saisonbedingte Pause) einen Jobwechsel vorgenommen.

Die stressige Arbeit als Frühstückskoch, den ich im Hotel Westport zu Beginn inne hatte, ersetzte ich nach ein paar Monaten durch einen Spülerjob.

Da konnte ich mein Gehirn zu Hause lassen und mich voll auf Kunst und Freizeit konzentrieren.

Man muss nicht viel denken als Spüler, obwohl es körperlich sehr anstrengend sein kann. Abends waren wir zu viert an der Spülmaschine und mein Part bestand darin, die bereits sauber gespülten Teller ins Regal zu tragen.

Arbeitete ich tagsüber alleine, gab es mehr zu tun, aber zwischen 13 und 15 Uhr war Flaute.

Das passte sehr gut in mein Konzept für die Fußball Weltmeisterschaft 1998 in Frankreich. Bis 13 Uhr hatte ich alles schön sauber gemacht und machte Mittagspause. Ich fuhr in die Stadt zum Bookie (Buchmacher), setzte ein paar Pfund und ging dann in ein Pub, um das Spiel zu sehen. Da ein Fußballspiel 90 Minuten dauert, musste ich notgedrungen meine Pause verlängern, besser gesagt verdoppeln.

Gegen 15 Uhr war ich dann wieder im Hotel.

Gemerkt hat es keiner. Ich sah von dieser WM bis auf zwei Spiele jedes!

Damals gab es schon in Irland einen Mindestlohn. Automatisch wurde der alle drei Monate um 50 Cent erhöht!

Außerdem musste man so gut wie keine Steuern zahlen. Ich konnte sogar Geld sparen. Nicht, weil ich besonderes sparsam war. Es war einfach genug. Sehr viel Glück hatte ich auch diesmal wieder mit meinen Nachbarn. In der ganzen Straße waren sie sehr freundlich.

Rechts neben mir wohnten John und Anne Coffey. Gegenüber war seine Steinmetz Werkstatt. Er war derjenige gewesen, welcher mir gegen Derry City seine Fußballschuhe geliehen hatte.

Neben dessen Haus gab es einen Laden, der Zeitungen, Süßigkeiten, kalte Getränke, Lebensmittel, Fischkonserven, Brot und noch einige Dinge des täglichen Lebens in sehr bescheidenem Rahmen verkaufte. Inhaber war John, Mitte 70, der von seinem Neffen, ebenfalls John, unterstützt wurde. Es war ein Laden, den man auch bei einer längeren Autofahrt für ein kaltes Getränk, vielleicht ein Sandwich und eine Zeitung aufsucht. Kleine Dinge eben.

Ich wollte mir eines Abends Spaghetti machen, hatte die Soße schon fertig und das Nudelwasser kochte. Ich öffnete den Schrank um die Spaghettipackung herauszuholen und was fand ich? Nichts. Keine Spaghettipackung weit und breit. Ich war mir sicher gewesen, es wäre noch eine da. Kein Problem, dachte ich, es gibt ja noch Johns Laden. Ich stellte die Töpfe vom Herd und ging zwei Haustüren weiter. Als ich eintrat, sah ich old John eine Suppe löffeln und young John löste Kreuzworträtsel im Stehen. Ich sprach old John an: „Ich hätte gerne Pasta"(der übliche Ausdruck für Nudeln). Er schaute mich seltsam an, löffelte weiter und nuschelte etwas, was so klang wie: „Was ist das?"

Ich dachte bei mir, der hat mich wohl falsch verstanden und wiederholte: „Pasta, ich hätte gerne Pasta". Ich schaute zuerst zu old John und dann zu young John, der süßsauer lächelte, und wieder hin und her, und ergänzte noch, da ich vielleicht mit Pasta nicht konkret genug bestellt hatte: „Spaghetti", nach kurzer Pause noch: „Penne"? Nichts. Stille. Young John schaute etwas peinlich berührt auf den Boden. Ich suchte die Regale mit schnellen Blicken ab, konnte aber nichts finden. Dann blickte old John über den Tellerrand, den er leicht angehoben hatte, da die Suppe jetzt fast alle war und sprach ganz langsam und nachdenklich: „Ist es dieses neue Lebensmittel, das es jetzt aus Italien gibt? Nein, das haben wir nicht." Ich wusste nicht, was ich sagen und ich wusste nicht, was ich denken sollte.

Er konnte tatsächlich nicht viel mit dem Wort Pasta anfangen. Wie konnte das möglich sein?

John Coffeys Sohn Ian klärte mich später auf.

Viele ältere Leute haben einfach nicht das Wissen. Sie kommen mit fünf, sechs Gerichten in ihrem Leben aus. Salate, Gemüse und Obst waren ebenfalls nur in geringem Maße in den traditionellen Gerichten berücksichtigt. Der Ursprung liegt in der jahrhundertelangen Unterdrückung durch die Engländer. Selten wurde die irische Bevölkerung satt. Zu vielen Obst- und Gemüsesorten hatten sie keinen Zugang gehabt. In der Zeit vor der Hungersnot, um 1845, aß ein Ire im Durchschnitt 14 Pfund Kartoffeln am Tag!

Da konnte sich keine Esskultur entwickeln. Vor der Jahrtausendwende ernährten sich die meisten Iren von Fertiggerichten, an Schnellimbissen und von Burgern mit Chips. Auf eine ausgewogene Ernährung achteten nur sehr wenige. Durch die Einflüsse von Zuwanderern aus anderen Ländern und die vielen französischen Chefköche, die in der Mitte der 1990er Jahre in Hotels und Restaurants eingestellt wurden, veränderte sich die Küche in Irland. Auf den Märkten in den etwas größeren Städten entwickelte sich auch eine „Organic Food" Szene, die von der Bevölkerung recht schnell angenommen wurde. Nicht nur in dieser Hinsicht, sind die Iren neuen Dingen gegenüber sehr aufgeschlossen. Ich weiß nicht mehr, was ich an jenem Abend gegessen habe. Spaghetti waren es keine gewesen.

NACHMITTAGSTEE BEI COFFEYS

Wenn ich nachmittags zu Hause war, lud mich John, der Steinmetz, öfter mal in seine Teerunde ein. Meistens hatte er seine Mitarbeiter eingeladen, aber ab und zu kam auch die ein oder andere Honoration der Stadt zu Besuch. Dann klopfte es auf jeden Fall an meiner Tür und ich hatte keine andere Wahl. Ich sollte unbedingt den Gast kennenlernen. Als Mitteleuropäer hatte ich oft eine andere Sichtweise, was die neugierigen Iren interessierte. So war ich offensichtlich ein gerne gesehener Gast und meine Meinung gefragt.

Der bekannteste Gast, der mir vorgestellt wurde, war Father Mc Greal. Er war Professor an der Universität in Maynooth nahe Dublin, Kleriker und 1.Vorsitzender der Antialkoholiker Irlands, einer Organisation mit 500 000 Mitglieder! Da die Zahl so dermaßen hoch ist, muss man eigentlich davon ausgehen, dass der Rest der Bevölkerung die unorganisierten Alkoholiker sind.

Er erklärte mir, dass er gegen ein Pint oder zwei durchaus nichts einzuwenden hätte, nur was darüber hinaus geht und die Sucht an sich.

Stolz war er darauf, dass er der letzte Bürger Westports war, dem in seinem Haus Strom gelegt wurde.

Viele seiner Studenten würden ihn regelmäßig besuchen, was ihm sehr viel Freude bereite.

Seine Äußerungen ließen auf Toleranz und viel Verständnis schließen. Er bewegte sich auch sehr würdevoll und war ungemein freundlich.

Als er ging, trank ich mit John noch ein Fläschchen Rotwein.

Wir unterhielten uns über meine Kunstobjekte.

Ich entwickelte ziemlichen Ehrgeiz und schleppte immer größere Holzteile aus dem Moor an. Ideen hatte ich viele, aber die handwerkliche Seite der Bearbeitung war nicht gerade meine Stärke. Genau genommen hasste ich die handwerkliche Seite, vor allem weil ich mich nicht auskannte.

John: „Du hast Glück, dir kann man helfen. Aber mir nicht. Ich habe keine Ideen. Ich kann alles. Aber es nützt mir nichts. Mir fehlt die Kreativität."

Einen einzigen Grabstein hatte er bisher selbst entworfen und den hat der andere Steinmetz im Ort ihm auch noch kopiert, was ihn maßlos ärgerte.

Er zeigte mir sogar Bilder davon. Damit war seine Kreativität auch schon erschöpft, musste er sich eingestehen. Ich bot ihm meine Arbeitskraft an, was er auch ab und zu wahrnahm. So half ich ihm bei Steinmetztätigkeiten aus und lernte einiges dazu, was mir bei späteren Arbeiten zugute kam.

Woher der Trieb kam, der mich anstachelte kreativ zu sein, dafür hatte John die passende Antwort: „Du hast aufgehört, Fußball zu spielen. Deine Interpretation von Fußball war eher künstlerischer Art

und nicht mit den üblichen Maßstäben zu verglei-
chen. Das kommt jetzt zum Vorschein."
Nach der irischen Art und Weise, die Fußball eher
als reines Lauf- und Kampfspiel ansahen, hatte er
wohl Recht.

FATHER MC GREAL, FAHRT NACH SPEYER

Einige Wochen später, Anfang September, wollte ich mit Richard „Teddl" Kleiss, einem Speyerer Urgestein, der im County Leitrim wohnt, nach Speyer zum dortigen Altstadtfest fahren.

Unglücklicherweise hatte ich mir eine Salmonellenvergiftung zugezogen.

Mit Didi war ich auf Islandmore um Periwinkles zu sammeln, als ich plötzlich ganz schwach wurde. Ich dachte, es wäre eine Grippe, und bat Didi, mich wieder zum Festland zu fahren, da ich wohl krank werden würde oder schon war.

Als erstes ging ich zu Bould Biddy`s Pub und nahm drei Hot Whiskeys zu mir, um die Grippe zu bekämpfen. Das hat mir vielleicht sogar das Leben gerettet.

Dann kaufte ich mir Grippetabletten, machte mir eine Wärmflasche und legte mich ins Bett.

Nach über zwei Tagen wachte ich auf und konnte mich kaum bewegen. Ich hatte unheimlichen Durst und konnte nicht ins Bad nebenan gehen, geschweige denn die Treppe hinunter in die Küche, um mir etwas zu trinken zu holen. Ich hatte noch nicht einmal die Kraft, auf dem Boden entlang zu krabbeln. Fast bewegungsunfähig trank ich das Wasser aus meiner Wärmflasche!

Ich spürte eine Schwellung in der Magen-Darmgegend. Vier Tage blieb ich im Bett und konnte mich dann erst ins Erdgeschoss meines Häuschens begeben. Gegessen hatte ich nichts und Hunger hatte ich auch keinen. Ich nahm in dieser kurzen Zeit zehn Kilo ab und meine Wangen waren richtiggehend eingefallen.

Die Toilette musste ich jetzt etwa alle zwei Stunden aufsuchen, was die nächsten acht Wochen so anhielt. Aber ich kam allmählich wieder zu Kräften und war mir unschlüssig. Sollte ich die Fahrt absagen?

Ich wollte Richard nicht enttäuschen, der die Fähren über Schottland und England-Holland schon gebucht hatte. Ich informierte ihn nicht über meinen Zustand, wofür er mir später dankbar war. Von den Zweifeln ob ich es mir schon zutrauen konnte, wusste er nichts. Er rechnete fest mit mir.

Am Ende fühlte ich mich fit genug und beschloss zu fahren. Mein Morris Minor, der gerade zur Reparatur war, stand mir nicht zur Verfügung. Da Richard in der Nähe von Carrick-on-Shannon in Balinaglera wohnte und die Zug- und Busverbindungen dorthin sehr schlecht waren, beschloss ich zu trampen. Mit einer Tasche und genügend Toilettenpapier machte ich mich auf den Weg.

Gerade mal hundert Meter außerhalb der Stadt musste ich schon zum ersten Mal meinen Darm entleeren. Ich fand einen geeigneten Busch, der nicht leicht einsichtbar war und erledigte mein Geschäft.

Von nun an galt mein erster Blick oder Gedanke für viele Wochen immer einem Örtchen, an dem ich im Notfall schnell verschwinden konnte.

Zurück an der Straße, hielt auch schon nach kurzer Zeit ein Auto. Es war Father Mc Greal.

Ich erklärte ihm, wohin ich wollte, worauf er mich gleich einsteigen ließ. Er könne mich ein gutes Stück mitnehmen, etwa 50 Kilometer, dann müsste er Richtung Claremorris abbiegen.

Ich war froh so schnell einen Lift zu bekommen, auch noch von jemandem, den ich kannte. Father Mc Greal sprach gleich ganz aufgeregt zu mir:

„Jürgen, du wirst es kaum glauben, aber das erste irische Fernsehprogramm hat einen Film über mich gedreht. Er dauert 45 Minuten, wird in drei Wochen ausgestrahlt und heißt:

„Would you believe?"

„Dann bin ich ja wieder da und kann mir die Sendung anschauen", antwortete ich ihm.

Wir unterhielten uns eine ganze Weile über Politik. Europapolitik, wie so oft, eines der Themen, das die Iren immer beschäftigt. Sie hatten gerade mal wieder ein Anliegen der EU abgelehnt. Es wird nicht lange dauern, bis dann ein zweites Mal abgestimmt werden muss und der Antrag abgesegnet ist.

Dann kam das Thema Religion zur Sprache.

Nicht unbedingt ein Thema, welches mir am Herzen liegt. Ich erklärte ihm, dass meine Einstellung relativ neutral sei, ich keine Religion bevorzuge und dass eventuell der Buddhismus meiner Einstellung am nächsten komme. Diese Aussage machte ihn nervös und fuchste ihn merklich. Er wollte auch unbedingt wissen, ob ich Protestant oder Katholik war, was ich ihm nicht beantwortete.

Ich erzählte ihm vielmehr, wie ich mich während des Aufenthaltes auf der Insel für die schöne Zeit, die ich erleben durfte, bei Gott bedankte. Die Natur war für mich eher das, was andere als ihre Religion ansehen. Das stellte ihn überhaupt nicht zufrieden. Ich merkte, worauf er hinaus wollte.

Es erinnerte mich genau an ein Gespräch, dass ich mal mit einem Imam aus Mannheim geführt hatte. Am Anfang klang alles sehr tolerant, um das Gespräch nicht gleich auf Konfrontationskurs zu führen, aber mit der Zeit wurde die Verbissenheit, seine eigenen Ideale durchzusetzen, immer stärker. Zum Schluss sagte dieser mir mit Nachdruck, dass der Islam das Beste sei.

Es ist vergleichbar mit einer Diskussion über Fußball mit einem fanatischen Fan. Er wird immer wieder „seinen" Verein ins Spiel bringen.

So spitzte sich das Gespräch mit Father Mc Greal immer mehr zu. Ich brachte dann für ihn das Fass zum Überlaufen mit dem Satz:

„Die Religion ist eigentlich der größte Killer auf der Welt". Er platzte dabei förmlich, als er wie aus der Pistole geschossen konterte:

„Und was hat Hitler gemacht?"

Darauf habe ich nicht geantwortet, sondern ließ es im Raum so stehen. Ich lehnte mich auf meinem Sitz zurück und schaute geradeaus auf die Straße.

Es dauerte dann auch keine Minute mehr und die Kreuzung, wo er abbiegen musste, war erreicht. Er hielt am Straßenrand, ließ mich aussteigen, wobei wir uns noch verabschiedeten und ich mich bedankte. Dann drehte er auf die andere Straßenseite, fuhr dort auf einen kleinen Parkplatz und hielt das Auto an. Er blieb darin sitzen und schaltete den Motor aus. Seine Reaktion hatte ihn vermutlich selbst erschreckt. Vielleicht war er auch nur wegen seiner Unbeherrschtheit nachdenklich.

Ich war auf den Film gespannt, den ich drei Wochen später sehen würde.

Ich trampte weiter und erreichte Carrick-on-Shannon fast so schnell wie mit dem eigenen Auto.

Richard holte mich ab und wir fuhren wie immer zuerst zu seiner Stammkneipe, die ich nur als „Kate" kenne.

Richard „Teddl" Kleiss

Die Kneipe war das Ortszentrum von Balinaglera. Es war Postoffice, Beerdigungsinstitut (mit Leichenwagen im Hof), Fahrradverleih, Lebensmittelladen und Auszahlungsstelle für das Arbeitslosengeld. Kate schmiss den ganzen Laden alleine. Ihr Mann saß meist nur auf einer kleinen Holzbank mit seinen Gummistiefeln, die er laut Teddl nie auszog. Er sagte und tat auch nicht viel. Kate selbst war sympathisch und gesprächig. Sie erledigte alle Arbeiten in einem sehr entspannten Tempo. In der Mitte des Raumes stand ein gusseiserner Bollerofen, der auch den Krämerladen vom Pub räumlich trennte. Er brannte fast das ganze Jahr hindurch, weshalb man immer ein heimeliges Gefühl hatte. Die Zeit stand hier fast still. Ohne etwas zu tun, kann man hier stundenlang sitzen mit oder ohne Guinness.

Ich erzählte ihm jetzt, dass ich fast nicht mitgefahren wäre wegen meiner Salmonellenvergiftung und dass ich alle zwei Stunden flüssigen Stuhlgang (= the runs, falls mal jemand dasselbe...)hätte.

Für eine lange Fahrt natürlich ein ziemlich unangenehmer Zustand. Nahrungsaufnahme musste ich so gering wie möglich halten.

Teddls Frau Gisela empfing uns mit einem Essen, wie immer, wenn ich zu Besuch war. Ich konnte es nur zu einem kleinen Teil zu mir nehmen. Sie war eine herzliche Frau und eine gute Seele. Sie blieb fast immer zu Hause, wenn Richard nach Deutschland fuhr, da sie sich lieber um ihre Tiere kümmerte. Damit war sie glücklich und zufrieden. Immerhin galt es zwei Esel, eine etwa dreißigköpfige Schafherde, einen Hund und zwei Katzen zu versorgen. Abends schlich an deren Haus direkt am See regelmäßig noch ein Fuchs (der auch seine Erwartungen hatte) vorbei, den man aber nicht ganz dazu zählen konnte.

Am nächsten Tag fuhren wir los. Richard hatte an seinem Jeep noch einen Anhänger, um Dinge aus Deutschland mitzubringen, die dort billiger oder in Irland gar nicht zu bekommen waren. Pfälzer Leberwurst, Blutwurst, Schwartenmagen, Saumagen gibt es gar nicht, Riesling sowie Dornfelder nur gegen extrem erhöhte Preise in Irland zu kaufen.

Wir nahmen die Fähre von Larne in Nordirland nach Stranraer in Schottland. Es war die vergangenen Tage sehr stürmisch und fraglich, ob die Fähre überhaupt fuhr..

Wir hatten Glück und gerade eine etwas ruhigere Phase, auch mit wenigen Fahrzeugen, so dass wir schnell an Bord konnten.

Kaum hatte die Fähre abgelegt, änderte sich in rasender Geschwindigkeit das Wetter. Wir wurden ständig hin und her geschaukelt. Glücklicherweise hatte ich gleich am Anfang die Toilette aufgesucht, sonst hätte es ganz schön in, oder um die Hose herum, gehen können. Dort herausgekommen, wollte ich Richard auf einen Tee einladen und machte mich schwankend und mich überall festhaltend auf den Weg zur Bar. Ich sah ihn erst eine dreiviertel Stunde später wieder, denn jetzt ging es richtig los.

Das Boot schaukelte in einer Diagonale, da der Wind von seitlich hinten das Boot zum Wanken brachte. Als ich endlich die Bar erreicht hatte, war der Höhepunkt erreicht. Alle Flaschen und Gläser flogen aus ihren Regalen durch den Raum. Die Tabletts flogen mehr von den Tischen, als dass sie rutschten, und alle Anwesenden hielten sich, wo sie nur konnten, an irgendetwas fest. Ich konnte mich an einem Geländer festkrallen, das wohl für solche Fälle vorgesehen war. Mit zwei Händen am Geländer, den rechten Fuß auf dem Boden. Der linke Fuß, auf fast einem Meter Höhe angewinkelt, um mich beim nach links Schwanken etwas abstützen zu können. Währenddessen grinste mich der Barmann an und beurteilte mit seinen Blicken schon den etwaigen Schaden. Es sollte noch eine ganze Weile dauern, bis er den beheben konnte. Trotzdem bekam Richard noch seinen Tee gegen Ende der Fahrt. An Land erfuhren wir, dass die nächste Fähre schon abgesagt war und wir Windstärke 12 erlebt hatten.

Wir nahmen eine viel befahrene Landstraße vom südwestlichen Teil Schottlands ostwärts in Richtung Newcastle in Nordengland. Nach etwa einer halben Stunde meldete sich wieder mein Darm. Ich bat Richard, bei der nächstbesten Gelegenheit anzuhalten. Das tat er dann auch, als wir auf der linken Seite einen kleinen Rastplatz erspähten. Der Rastplatz war leider eine Sackgasse. Mit seinem Anhänger konnte er dort nicht wenden. Dafür war nicht genug Platz. Also hielt er auf der Landstraße an und schaltete die Warnblinkanlage ein. Ich stieg aus und rannte geschätzte 200 m an den Rastbänken und Tischen vorbei und sprang über einen Zaun und zog mir schnell die Hosen runter. Dabei nahm ich noch meinen Geldbeutel aus der hinteren Hosentasche und legte ihn auf die Astgabel des Baumes, an dem ich mich mit einer Hand festhielt.

Endlich geschafft und erleichtert, fiel mir dann die Stille auf, die mir bei dieser sehr befahrenen Landstraße ungewöhnlich erschien. Ein Gedanke durchzuckte mich mit der Botschaft: „Jetzt aber schnell," damit Richard mit Wagen und Anhänger beim Anfahren genug Zeit hatte um auf Touren zu kommen. Der Halteplatz war nicht ungefährlich. Ich rannte, so schnell es ging, zurück und wir konnten problemlos an- und weiterfahren.

Wir waren ungefähr dreißig Kilometer weiter gefahren, als ich an die hintere Gesäßtasche meiner Jeans griff, da mir irgendwie die Spannung fehlte. Ich suchte noch kurz auf dem Boden des Beifahrersitzes und auf den Rücksitzen, aber es half alles nichts. Ich hatte den Geldbeutel auf der Astgabel vergessen! Auf der Mittelkonsole lagen glücklicherweise noch die Personalausweise von Richard und mir. Zurück konnten wir nicht mehr. Der Zeitverlust wäre zu groß geworden. Für die Fähre von Hull nach Rotterdam hätte es dann nicht mehr gereicht. Ich bat Richard, mir 100 DM zu leihen. In Speyer würde er sie zurückbekommen. Außerdem könnten wir den Geldbeutel bei der Rückfahrt wieder mitnehmen.

Dass wir den wieder finden würden, hielt er für ausgeschlossen.

Ich nicht. Ich sah darin überhaupt kein Problem.

Mit gutem Gedächtnis und etwas Orientierungssinn würde ich ihn wiederbekommen.

Falls nicht jemand den gleichen Platz mit dem gleichen Bedürfnis aufsucht. Doch soviel Pech traute ich mir nicht zu.

Wir fuhren also weiter die Ostküste Englands entlang bis hinunter nach Hull und nahmen dort die Fähre nach Rotterdam. Die Fähre war bequem, mit Abendessen und Kajüte.

Am nächsten Tag ging es von Rotterdam ohne weitere Vorkommnisse mit Ausnahme einiger Toilettenstopps bis nach Speyer.

Wie immer, wenn man zu seinem Heimatort zurückkommt, ist die Zeit sehr anstrengend.

Man trifft viele Freunde und Bekannte, die man längere Zeit nicht gesehen hat und bekommt natürlich auch viele Einladungen. Einladungen zum Essen, die mit Trinken aufhören. Nach ein paar Tagen ist man ziemlich fertig.

Zum Altstadtfest ist es etwas praktischer, da man mehrere Leute gleichzeitig treffen kann.

Ich traf unter anderem meinen Freund Rainer, der am Morgen Vater einer Tochter geworden war.

Wir waren die ganzen Jahre immer in engem Kontakt geblieben.

Ich rief ihn meistens samstagnachts an. Entweder, wenn ich auf dem Weg vom Henehan`s Pub nach der Livemusik in Richtung Castlecourt Hotel Disco unterwegs war, oder nach der Disco, wenn ich auf dem Heimweg war. Dann war es in Deutschland halb vier Uhr morgens. Ich rief ihn kurz an, gab die Nummer der Telefonzelle durch und er rief zurück. Das Telefonieren war von Irland aus sehr viel teurer. Alleine, um die Nummer durchzugeben, musste ich ein Pfund einwerfen. Rainer rief umgehend zurück. Auf diese Weise lernte ich auch seine Freundin Elena kennen, die er heiratete und die die Mutter der Tochter war und später noch eines Sohnes wurde. Ich sah Elena zum ersten Mal, nach dem ich fast zwei Jahre lang nur Kontakt am Telefon mit ihr hatte. Obwohl ich immer nur zu dieser unchristlichen Zeit anrief, bekam ich nie zu hören, dass ich doch mal zu einer anderen Zeit anrufen soll.

Wir verbrachten den Abend des Altstadtfestes ganz gemäßigt ohne knallenden Sektkorken. Wir besuchten einige Höfe, in denen lokale Musikanten spielten. Richard besuchten wir auch im: „Altstadtheißl", ein Häuschen, welches mehrere Speyerer zusammen erbaut hatten um Feste feiern zu können. An den zwei Tagen des Altstadtfestes wird für die Öffentlichkeit ausgeschenkt und für die Insider gibt es Bratkartoffeln mit Blut- und Leberwurst gemischt. Es ist das schönste und auch beliebteste Fest in Speyer.
Schön war natürlich auch, das gute Essen von meiner Mutter zu genießen und mit meinem Vater über Fußball (einem FC Bayern Fan) zu streiten.

Nach zehn Tagen machten wir uns dann wieder auf den Weg zurück nach Irland.

Die Route zurück war eine andere als auf der Hinfahrt. In England fuhren wir nicht mehr an der Ostküste entlang, sondern mitten durch.

Von daher sah ich die Chancen sinken, meinen Geldbeutel wieder zu bekommen.

Irgendwann waren wir wieder auf der langen Landstraße im Südwesten Schottlands, als mir plötzlich die Silhouette der Bäume bekannt vorkam. Ich sagte sofort zu Teddl: „Da ist es, halt an".

Das war nicht sofort möglich, wir mussten noch einige hundert Meter weiter fahren. Etwas widerwillig, da er es nicht glauben wollte, bog er dann auf eine weniger befahrene Straße ab und hielt.

Ich lief schnell die paar hundert Meter im Laufschritt zurück. Es war jener Parkplatz. Ich hüpfte wieder über den Zaun, lief hin zu dem Baum, und auf der Astgabel lag mein Geldbeutel.

Ebenfalls vorhanden, war noch das gebrauchte Toilettenpapier, mittlerweile schon in leicht verwestem Zustand. Der Geldbeutel war durchweicht und nass, aber das Geld war noch drin.

Als ich wieder ins Auto einstieg schaute mich Teddl fragend an, als ob er nicht so richtig wusste, was er von der ganzen Geschichte halten sollte.

Wir kamen problemlos in Irland an, diesmal ohne Windstärke 12.

FR MC GREAL IM TV

Es kam der Tag, an dem ich Father Mc Greal im Fernsehen sehen sollte.

Um 21 Uhr sollte die Sendung beginnen.

Es war noch etwas Zeit, also zappte ich in den verschiedenen Programmen herum und sah etwas, was mir am ganzen Körper Gänsehaut bereitete:

Ein Staatsmann etwas dunklerer Hautfarbe lief durch eine belebte Geschäftsstraße und winkte dem Volk zu. Eine sehr große Anzahl von Sicherheitskräften schirmte ihn ab und war in heller Aufregung. Sie wurden des Drängens kaum Herr und hatten alle Hände voll zu tun. Ich wusste sofort, wer es war, bevor der Sprecher mir die Bestätigung gab. Dass diese Szenen sich abspielen werden, war mir von Ahmed, einem alten Freund, vor über zwanzig Jahren prophezeit worden, als ich ihn in Casablanca besuchte.

Ahmeds Vater war zuerst Panzergeneral (allein dem König unterstellt) und später Botschafter von Marokko in verschiedenen Ländern und mit Hildegard (Ahmeds Mutter), einer Deutschen aus Speyer, verheiratet.

Ahmed hatte ich beim Fussballspielen im Alter von 11 Jahren in Speyer kennengelernt und bis heute haben wir den Kontakt Aufrecht erhalten.

Ahmed ist in Speyer geboren (1956) und trotzdem bekam er keinen deutschen Pass, da die damalige Verwaltung in Speyer entschieden hatte, laut Ahmed: „Das ist kein deutsches Kind"!

Damals waren französische Streitkräfte in Speyer stationiert und familiäre Verbindungen offensichtlich nicht akzeptiert.

Ahmed ist heute ein bekannter Regisseur und war an Filmen wie Gladiator, Alexander der Große, Sahara, Black Hawk Down, uva. beteiligt.

Es war damals eine ziemlich heikle Zeit in Casablanca, Nationalstreik und alle Geschäfte geschlossen. Er erzählte mir, dass er den König nicht mochte, aber sein Sohn, der Prinz, sei sein bester Freund. Wenn er eines Tages König ist, würde einiges anders werden. Außerdem würde er auf der Straße zu sehen sein und sich öfter dem Volk zeigen. Genau diese Szene hatte ich jetzt im Fernsehen gesehen. Die Voraussage war tatsächlich Wirklichkeit geworden.

Kurz danach begann die Sendung über Fr. Mc Greal. Die erste Einstellung von: „Would you believe?", zeigte ihn im Croke Park, dem größten Sta-dion Irlands in Dublin, an einem Pult, vor über 100 000 Zuschauern sprechend. Vermutlich waren es seine Anhänger im Klub der Antialkoholiker, aber ich war noch zu sehr beeindruckt, um der Reportage konzentriert folgen zu können.

Während der Sendung sah man ihn immer mal wieder mit einer Reporterin auf dem Bergplateau des Croagh Patrick entlanglaufen, während er ihre Fragen beantwortete.

Die letzte Frage war, wie er den Stellenwert der Religion einschätzt. Seine Antwort war:

„Die Religion ist das Wichtigste im Leben, ganz besonders die katholische Kirche"!

Dabei zeigte die Kameraeinstellung, wie er mit der Reporterin langsam aus dem Bild verschwand und man konnte erkennen, wenn man genau hinschaute, wie er, die Arme hinter dem Rücken verschränkt, mit beiden Händen, fast wütend, die Fäuste ballte...

BEI MC KENNAS ZUM HAARESCHNEIDEN

Zum Friseur zu gehen, gehörte noch nie zu meinen Lieblingsbeschäftigungen.

Zu Mc Kenna in der Bridgestreet ging ich aber gerne. Nicht, dass dort das Ergebnis besser gewesen wäre. Ich sah danach auch nicht besser aus als sonst. Aber die Atmosphäre war das Besondere. Schon mit dem Schaufenster fing es an.

Es war das kleinste im Ort, hatte aber die ältesten Objekte ausgestellt.

Die elektrischen Geräte waren alle um 1900 hergestellt. Sie waren wohl für den Friseurbedarf vorgesehen, aber man konnte es nicht erkennen.

Es hätten genauso gut Küchengeräte sein können.

Ein paar Freunde hatten mich schon, unabhängig voneinander, ganz besonders auf ein Gerät aufmerksam gemacht: Es war länglich, etwa zwanzig Zentimeter lang, hatte einen Durchmesser von fünf Zentimeter und war an einem Ende leicht abgerundet.

Die originale Gebrauchsanweisung gab sich viel Mühe, blieb aber ihre Bestimmung schuldig. Niemandem gab sie Aufschluss. Es wurde so manches spekuliert. Da es ein Herrensalon war, kam man zum Ergebnis, dass es hier fehl am Platz sei und wohl eher die Damenwelt erfreuen würde. Nichtsdestotrotz oder vielleicht gerade deshalb wurde der Shop prämiert und bekam einen Preis für sein außergewöhnliches Schaufenster.

Spitze Zungen behaupteten, es hätten nur Frauen in der Jury gesessen.

Durch die Eingangstür hereingekommen, setzte man sich, sofern frei war, auf den ersten Bankplatz und die bereits Anwesenden rückten ein Stück weiter oder rückten etwas enger zusammen.

Als Sitzplatz gab es nur diese Bank, die fünf Leuten Platz bot. War sie vollbesetzt, musste man im Stehen warten. Das Geschäft war ungefähr 4 x 5 m groß und hatte zwei Friseursessel.

Haare schnitten John Mc Kenna, der mit mir bei Westport United in der Mannschaft spielte, und sein Vater mit dem gleichen Vornamen.

An der Wand hing ein kleiner Fernseher.

Es war immer nur der Sportsender eingeschaltet und das Thema war natürlich Fußball, worüber alle im Laden durcheinander diskutierten.

Das Nachrückverfahren ergab zufällig, dass immer Johns Vater mir die Haare schnitt. Ich ließ mir die Haare mit dem Rasierer einfach abscheren.

Mehr gibt meine Haarpracht nicht mehr her.

Das ging natürlich jedes Mal ziemlich schnell und John hatte wohl ein schlechtes Gewissen, mir dafür noch Geld abzuziehen.

Zwischendurch unterbrach er immer mal kurz den Shave und streichelte mir den Kopf, das dauerte dann etwas länger und war schön angenehm.

Die Rasur kostete € 3,75. Er flüsterte mir ins Ohr, ich sollte mir doch einen Rasierapparat kaufen, das wäre auf Dauer viel billiger.

Viel zu schnell und fast traurig musste ich dann den Laden verlassen, in dem ich mich gerne länger aufgehalten hätte.

BEI BILLY KELLY

24.12.1999. Weihnachten.

Morgens gegen kurz nach neun klopfte es an meine Haustür.
Es war mein lieber Nachbar John Coffey.
Er war schon früh am morgen von Didi aus Hamburg angerufen worden, da dieser sich Sorgen um sein Boot machte. Er hätte mitbekommen, dass es einen großen Sturm gegeben habe, und er wollte wissen, ob sein Boot noch in Ordnung sei.
Ich wüsste, wo es läge und könne ja mal danach schauen.
John meinte, dass er sowieso gleich runter ans Meer fahren und mich mitnehmen würde. Ich kam zwar gerade erst aus dem Bett, kein Frühstück und ungewaschen, aber: „Ich komme mit", sagte ich zu John und zog mich nur schnell den Temperaturen entsprechend an.
Ich war noch gar nicht richtig wach und hatte nicht mit so einem dynamischen Morgen gerechnet. Aber die Sonne schien und es war wunderschönes Wetter. Das Boot musste in einer der drei Buchten liegen, die nicht weit von Inish Gowla, entfernt waren. Wir fuhren also in die Gegend, die mir sehr am Herzen lag. Wo Didis Boot genau lag, wusste ich

nicht. Ich vermutete nur und wir suchten an allen mir bekannten Ecken. Wir konnten es nicht finden.

Es blieb nur die Möglichkeit, den größten Bauern hier zu fragen, den liebenswerten Billy Kelly.

Ein ungemein freundlicher Nachbar war er gewesen, als ich auf der Insel wohnte, und ich freute mich immer, wenn ich ihn sah. Er war etwa 1,65 groß, hatte eine Ledermütze auf und sah trotz seiner 70 Jahre aus wie ein Lausbub.

Einfach ein Typ, den man gern haben musste.

Seegras ernten war seine Lieblingsbeschäftigung, von der er mir öfter vorgeschwärmt hatte.

Also bat ich John, zu Billy zu fahren.

Er blieb in seinem VW- Bus sitzen und ich musste etwa hundert Meter über Billys Anwesen laufen.

Ich klopfte an der Tür und er und seine Frau öffneten gemeinsam.

Wir begrüßten uns, ich trug mein Anliegen vor und er wusste natürlich, wo das Boot lag.

Seine Frau wich nicht von der Stelle und beide standen eng beisammen in der Eingangstür.

Nachdem klar war dass Billy uns zum Boot führen würde, sprach ich noch ein paar Wörter mit seiner Frau, wobei Billy anfing mit dem linken Auge zu zwinkern.

Ich wusste nicht, was er wollte, bis er dann gleich zweimal kurz hintereinander: „ `N kurzen Drink, n` kurzen Drink?" raus ließ und immer noch mit dem Auge zwinkerte.

Da ich wusste, dass Billy den Whiskey liebte, dachte ich natürlich, er würde jetzt gerne einen trinken und durch mich habe er dann vor seiner Frau die perfekte Entschuldigung. Er kam gleich darauf mit einem 0,25 cl Glas an, das randvoll mit Whiskey war.

Ich fragte: „Ja und du?"

„Nein, ich trinke so früh am Tag nicht".

Jetzt stand ich da mit meiner Gutmütigkeit.

Unfreundlich wollte ich auch nicht sein.

Einmal ausgeschenkt kann man es ja nicht mehr in die Flasche zurück füllen. Praktisch zwar möglich, aber...

Es gab nur eine Lösung. Ich musste es trinken!

Auf nüchternen Magen! Und das auch noch schnell, da John wartete.

Billy beobachtete mich grinsend, wie ich das Glas leerte. Billy hat jeden Schluck genossen, den ich genommen habe.

Wir fuhren dann zu der Bucht, wo Didis Boot lag. Es war unbeschädigt und von dem Sturm, von dem er in Hamburg gehört hatte, wusste sowieso niemand etwas. Dieser sollte erst noch kommen.

Aber so geschützt, wie dieses Boot lag, konnte nichts passieren, zumal es komplett aus dem Wasser gezogen war.

Der Whiskey hatte meine Stimmung soweit verändert, dass ich den ganzen Tag kicherte und lachte.

Ich trank an diesem Tag nichts Alkoholisches mehr.

Es war ein gelungener Tag, trotz dieser harten Prüfung so früh am Morgen.

Der 24. Dezember in Irland ist kein besonderer Tag wie in Deutschland. Der 25. ist der Weihnachtstag.

Das ist der Tag mit Bescherung am Morgen und traditionellem Truthahnessen. Da war ich bei John und Anne Coffey, den liebsten Nachbarn die ich je hatte, und dem Rest der Familie eingeladen.

BAD BOYS BALL

Didi hatte 50. Geburtstag. Es gab zwei Partys auf Islandmore. Die erste am Samstag für die befreunde-
ten Pärchen und seine Schwestern mit ihren Männern, die aus Hamburg angereist kamen.
Sie waren Mitglieder einer Band, die sich Peter,
Paul and Barmbek nannte. Sie spielten auch wunderbar auf und wir sangen dazu und hatten einen
gediegenen Abend.
Die zweite Party, nur für Männer – der Bad Boys
Ball versprach etwas heftiger zu werden.
Auch hier musste Didi zweimal zum Yachthafen
und zurückfahren, um alle Partygäste auf die Insel
zu befördern. Teilnehmer waren Padraigh, Jock
und Nelly, Ian Hicks, Riccardo, Bibber und Uli De-
cker aus Speyer und ich.

Es war für alles gesorgt. Ich backte eine Pizza als Zwischengang und ansonsten gab es alles, was Didis Garten und das Meer hergab.

Auch die Getränkeliste konnte sich sehen lassen. Besten irischen Malzwhiskey, Cider, verschiedene Lagerbiere und Didis Selbstgebrautes.

Er hatte speziell für die Party etwa 20 Liter gebraut. Riccardo hatte seine Akustikgitarre dabei und Didi hatte jede Menge guter Tapes, speziell die alten Rock und Bluessachen aus den sechziger und siebziger Jahren.

Nachdem wir lange gespeist hatten spielte dann Riccardo einige Bluestitel, bei denen wir, so weit es möglich war, mitsangen.

Dann legte Didi ein Tape ein und wir begaben uns auf die Tanzfläche.

Es war ja schließlich ein Ball.

Ausgelassen tanzten und hüpften wir und bewarfen uns mit Luftschlangen und Konfetti. Padraigh glänzte mit seinen Tanzeinlagen und stach alle aus. Ihm fehlte nur noch Josephine Baker als Partnerin für das perfekte Duo. Seine eleganten Bewegungen trotz der Körperfülle und die Freude, die er dabei ausstrahlte, trugen zu einer unglaublichen Stimmung bei.

Obwohl wir ausschließlich Männer waren, tanzten alle.

Nach einer Weile setzten wir uns und Riccardo spielte wieder auf der Gitarre. So wechselten wir ab, bis unsere Kräfte, vermutlich auch aufgrund unseres bemerkenswerten Konsums, nachließen. Ob-

wohl der Betonboden hart war, schliefen alle hoch-
zufrieden ein.

MEIN IMBISS MIT DEUTSCHEN
BRATWÜRSTEN

Vielleicht, weil es in Irland keine Bratwürste gab wie ich sie kannte, oder vielleicht auch nur durch meinen Unternehmergeist, der immer mal wieder aufblitzt kam mir die Idee, deutsche Bratwürste in einem Imbiss zu verkaufen. Obwohl ich bestimmt über einen Zeitraum von zehn Jahren keine einzige Bratwurst gegessen hatte.

Es war eigentlich nur der Geruch von den Ständen auf den Weinfesten in der Pfalz, weswegen ich solange keine gegessen hatte. Gegen den Geschmack der Würste gab es eigentlich nichts einzuwenden.

Würde es gut laufen, könnte ich ja ne ganze Armada von Bratwurstständen aufbauen.

Es gibt eigentlich nur eine Sorte Würste in Irland, die man eher zum Frühstück isst, mit gebratenem Ei, Blutwurst und etwas, was einer Leberwurst ähnelt. Dazu gibt es meistens noch angebratene Tomaten, Pilze und Bohnen. Das Ganze nennt sich: Full Irish Breakfast.

Da es in Irland Bratwürste in der Form, wie man sie in Deutschland kennt, nicht gab, musste ich sie selbst herstellen. In Speyer und Umgebung kannte ich einige Metzger. Also bot es sich an, bei einem Bekannten einen Schnellkurs zu durchlaufen.

Ich musste dafür wieder mal nach Deutschland.

Der Termin, während eines Schlachtfestes eine kurze Einführung in die Bratwurstproduktion zu erhalten, stand.

Es konnte losgehen.

Morgens um 5 Uhr war Treffpunkt.

Allein deshalb wäre ich nie Metzger geworden.

In Irland würde ich die Produktion nicht auf so einen unchristlichen Zeitpunkt legen, das war klar.

Aber ich musste mich nach den hiesigen Gewohnheiten richten.

Es war Jossi Hübner, ehemaliger Sportausschussvorsitzender zweier Fußballvereine, für die ich früher gespielt hatte, der sich sympathischerweise bereit erklärt hatte, mir alles beizubringen.

Auch er hatte den Beruf beizeiten gewechselt und war Chauffeur eines CDU-Landtagsabgeordneten, den er hasste.

Lieber den „Ponnekuuche" (hochdeutsch: Pfannkuchen) durch die Gegend fahren, als jeden Morgen so früh aufstehen, dachte er sich wahrscheinlich.

Er erklärte mir alles und gab mir noch zusätzlich Tipps, wie ich die Würste nach meinen Vorstellungen machen könne. Wunderbar.

Ich wollte sie etwas dünner, aber länger haben als die groben Pfälzer Bratwürste, die an diesem Tag für den FV Dudenhofen und deren Stand bei dem jährlichen Spargelfest gemetzelt wurden.

Ich wollte, auch geschmacklich gesehen, so eine Art Thüringer Bratwurst machen. Wichtig waren der Fettanteil, die verschiedenen Gewürze und die Größe der Därme. Nach dieser Lektion wusste ich auch, was ich mir noch zulegen musste, um starten zu können. Gewürze und Därme gab es bei der Fleischergenossenschaft.

Es fehlte eine Wurstabfüllmaschine.

Das Wort erinnert mich irgendwie sehr an Dunstabzugshaube.

Die Materie war mir zugegebenermaßen doch etwas fremd. Ich hätte genauso gut auch Vegetarier sein können. Damit würde ich auch ganz gut zurecht kommen. Aber es sollte ja schließlich ein Geschäft werden.

Von einem schlecht gelaunten, geizigen Pfälzer Bauer aus der Westpfalz, der noch nicht einmal mit sich handeln ließ, erstand ich die Wurstabfüllmaschine für 450 D-Mark. Unüblich, da Pfälzer im Allgemeinen recht großzügig sind.

Ich hatte jetzt alles zusammen.

Da ich nach Irland zurückflog, musste ich das Gerät reisegerecht einpacken. Nicht ganz einfach, denn das Teil war „uuschierisch", wie der Pfälzer sagt.

Damit meint er eckig, kantig, schwer zu transportieren.

Es fand sich ein alter Einkaufsrollwagen von meiner verstorbenen Großmutter. Da setzte ich das Gerät rein und verklebte mit Kartons noch den oberen Teil, der rausguckte.

Meine alte und beste Freundin Michaela fuhr mich zum Flughafen. Mit Rucksack und der fahrbaren Wurstabfüllmaschine erschien ich dann am Flughafenschalter zum Einchecken. Michaela konnte sich das Grinsen kaum verkneifen. Als ich diese wunderbare Maschine als Handgepäck ausweisen wollte wurde die Stewardess richtiggehend böse.

„Was ist denn da überhaupt drin?", fragte sie sehr erregt. „Eine Wurstabfüllmaschine.

Sind Sie noch nie mit einer Wurstabfüllmaschine in Urlaub geflogen?" warf ich ihr an den Kopf, was sie noch mehr außer Fassung brachte.

Sie brüllte mich regelrecht an, dass es eine Unverschämtheit sei, viel zu schwer, nimmt viel zu viel Platz weg, usw...

Als sie sich dann etwas beruhigt hatte, sagte ich:

„O.k., ist ja schon gut, was soll es denn extra kosten?" Da wog sie es und ich zahlte achtzig D-Mark Aufpreis.

In Dublins Flughafen angekommen, musste ich noch in die Stadtmitte zum Busbahnhof und von dort aus nach Westport. Mehrmals ein- und aussteigen, immer guckten die Leute auf das Teil.

Hätte mir vielleicht mehr Mühe beim Verpacken geben sollen. Ein paar bunte Schleifchen oder so.

Aber so romantisch bin ich auch wieder nicht.

Zumal ich jetzt die armen toten Schweinchen durch den Fleischwolf drehen und den Rest in ihre eigenen Gedärme abfüllen würde.

Um größere Mengen herstellen zu können, hätte ich eine genehmigte Küche und einen großen Fleischwolf gebraucht. Beides hatte ich nicht zur Verfügung.

Aber Richard „Teddl" Kleiss hatte, als ich ihm von der Idee erzählte, mir vorgeschlagen, vorerst bei seinem Metzger in Dowra in der Nähe von Ballinaglera die Würste herzustellen. Der hatte ja alle Geräte. Da ich das Fleisch bei ihm kaufen würde, machte er auch einen kleinen Gewinn.

Zusätzlich bedeuteten die Würste in seiner Theke eine Bereicherung.

Bevor ich dies in Anspruch nehmen wollte, hatte ich noch viele andere Dinge zu erledigen.

Ich brauchte ein geeignetes Auto, einen Imbisswagen und ein Haus, vor dem ich meinen neuen Fuhrpark auch abstellen konnte. Das war in der Stadt leider nicht möglich.

Mit den ersten Probeläufen fing ich dann endlich an. Ich ließ von einem lokalen Metzger Schweinefleisch durch den Fleischwolf drehen. Das verlangt normalerweise niemand.

In Irland gibt es nur Rindfleisch als Gehacktes zu kaufen. Minced Beef.

Minced Porc hieß jetzt mein Hackfleisch vom liebenswerten Schwein.

Zuhause gab ich die Gewürze dazu und füllte das Ganze mit der Wurstabfüllmaschine ab.

Gegessen musste das auch werden.

Dazu lud ich immer einige Freunde zum Testen ein. Die Resonanz der „German Sausages" war mehr als vielversprechend.

Ich rechnete mit höchstens drei Würsten pro Person. Sie aßen aber meistens sechs oder sieben. Als ich nachfragte, ob sie auch schmecken würden, guckte ich in kauende Gesichter, die nur: „Gimme more", ohne Regung im Gesicht, sagten. Manchmal gab es noch Champagnerkraut mit Cider statt Champagner und Kartoffelbrei dazu.

Es entwickelte sich sogar ein kleiner Handel, da sich das neue Produkt herumsprach. Ich fand auch geeignete Verpackungen, so dass ich in Zehnerpackungen die ersten Bratwürste in Umlauf brachte.

In John Mc Ging`s Pub fragten einige Leute danach. Gedanken, ob ich den Geschmack der Iren damit treffen würde, brauchte ich mir keine mehr zu machen. Die ersten Tests waren ein echter Erfolg.

Den Imbisswagen musste ich leider schleppen, dafür brauchte ich noch ein geeignetes Auto.

Das hatte Didi. Er wollte sich ein Neues kaufen und das Alte, ein Peugeot 305 Kombi mit Anhängerkupplung, war genau das Richtige.

Vom Rost mal abgesehen.

Natürlich war es ein alter Schinken, aber er hatte es, bis auf die Karosserie, gut gepflegt, da Autos, Motorräder, Boote, alles, was mit Motoren zu tun hatte, zu seinen Leidenschaften gehörte.

Also kaufte ich es ihm ab.

Gleichzeitig hielt ich in den lokalen Zeitungen ständig Ausschau nach einem Imbisswagen.

Ich wusste, dass einige Monate zuvor in der Zeitung ein „Chipper" zum Verkauf angeboten worden war. Jemand kannte tatsächlich den Besitzer, fragte nach und stellte irgendwie den Kontakt her.

In einem Ort von 5000 Einwohnern bleibt eben selten etwas verborgen. Oft wissen die Leute, wer wo wann was verkauft hatte oder verkaufen wollte.

Ich wollte mir das Teil auf jeden Fall anschauen und machte einen Termin mit dem Besitzer aus.

Wir fuhren aus der Stadt heraus, da der Imbisswagen schon längere Zeit auf einer Weide geparkt war(der Film: Fish und Chips, mit Colm Meaney kam mir unweigerlich in den Sinn).

Das machte mich ziemlich skeptisch, aber ich war doch angenehm überrascht, als ich ihn sah. Obwohl er längere Zeit im Freien gestanden hatte, war er in guter Verfassung. Innen wie außen. Auch die Gasleitungen würden gut funktionieren und ich bräuchte, vielleicht außer putzen, so gut wie nichts dran zu machen, meinte der Besitzer.

Irgendwie konnte ich es nicht so recht glauben. Was ist, wenn die Leitungen doch leck sind. Wer repariert mir die? Im Westen von Irland ist es auch mit Ersatzteilen nicht weit her. Aber die Friteuse sah brauchbar aus, der Kühlschrank war in gutem Zustand, der Grill ebenfalls. Auch die Reifen und die Zugvorrichtung waren in Ordnung. Trotzdem fühlte ich mich unsicher. Ich kannte mich eben zu wenig aus.

Aber ohne Risiko ist noch nie irgend etwas passiert. Einen besseren Gebrauchten würde ich wohl kaum bekommen. Der Preis war mit 1000 Pfund, die ich schließlich bezahlte, mehr als gerechtfertigt. Als ich eine Gasflasche kaufte und alle Geräte ausprobierte, zeigte sich, dass meine Skepsis unbegründet war. Alles funktionierte tadellos.

Ungefähr zur gleichen Zeit mietete ich noch ein Haus, etwa 10 km außerhalb der Stadt und verließ

schweren Herzens das kleine Häuschen in der Altamont Street und damit meine lieben Nachbarn, was
bei mir immer noch ein wenig Trauer auslöst,
wenn ich daran denke.

Für die Idee eines Bratwurststandes hatte ich
einen Platz auserkoren, den ich für den besten weit
und breit hielt. Er war in der Einfahrt eines Industriegebietes, das sich noch in der Entwicklungspha-
se befand und etwa eine Meile außerhalb der Stadt
an einer Hauptverkehrsstraße.
Es waren erst vier oder fünf Firmen ansässig. Diesen Platz wollte ich mieten.
Dafür musste ich nach Castlebar, der Hauptstadt
des County Mayos, zur dortigen Verwaltung.
Ich sprach mit dem zuständigen Sachbearbeiter
und erklärte ihm mein Vorhaben.
Eine besondere Genehmigung oder auch Bedingungen bräuchte ich keine, erklärte er mir.
„Den Platz möchte ich trotzdem mieten und dafür
auch bezahlen, damit alles seine Legitimität hat. Ich
brauche eine schriftliche Erlaubnis."
Erneut erklärte er mir, dass es so etwas nicht gibt
und ich bedenkenlos mit meinem Imbisswagen
dort meine Bratwürste verkaufen könne.
Sehr unbefriedigend fand ich das.
Ich hatte keine Garantie. Aber damit musste ich
wohl leben.
Alle, die den Platz kannten, rieten mir davon ab.
Niemand aus der Stadt würde sich dort draußen
blicken lassen. Dort fährt keiner hin.

„Wir werden sehen", blieb mir nur als Antwort. Ich war der Einzige, der überzeugt war, und ließ mich nicht davon abbringen.

Außer den Bratwürsten brauchte ich noch viele andere Dinge, da zu einer Pommes Bude noch Erfrischungsgetränke, Ketchup, Mayonnaise, Speiseöl für die Friteuse, Servietten und vielerlei Kleinkram gehörten. Es gab zum Glück einen Großhandel in Westport bei dem ich alles einkaufen konnte.

Als ich dann alles beisammen hatte, brauchte ich mir über einen etwaigen Probelauf keine Gedanken zu machen, da ich dazu eingeladen wurde.

Ein mir bekannter Deutscher, zufällig auch aus Speyer, der in Westport lebte und völlig unabhängig von mir dort hin kam, hatte Geburtstag und wollte, dass ich mit dem Imbisswagen die Grillparty sozusagen begrille.

Das war eine gute Sache zum Ausprobieren und passte mir sehr gut ins Konzept.

Am schwierigsten war es, den Imbiss den Berg hoch zu bugsieren, wo die Party stattfand, und dann zu justieren, da der Boden sehr uneben war.

Da mir aber viele hilfreiche Hände zur Seite standen, war in kurzer Zeit alles bereit.

Als dann genug Gäste eingetroffen waren, zog ich meine weiße Kochjacke an und ging in den „Chipper".

Alle klatschten Beifall und jubelten mir zu.

Ein perfekter Start.

Außer meinen Bratwürsten hatte Michael, in Speyer ist er bekannt als „Karlchen", noch Burger besorgt und einige Salate angerichtet.

Das Wetter hatte sich dem Ganzen wunderbar angeglichen, also Sonnenschein und eine laue Sommernacht ganz ohne Wind, was an der Küste selten ist.

Eine kleine Schrecksekunde gab es auch noch.

Aus irgendeinem Grund, es hielten sich gerade drei weibliche „Helfer" mit mir im Wagen auf, kam eine große Stichflamme aus der Friteuse. Zwei Mädels schrien schon vor Panik, aber ich hatte eine Brandschutzdecke für solche Fälle bereitgelegt und warf sie schnell oben drauf.

Das jagte auch mir einen Schrecken ein.

Im Laufe des Abends wollte fast jeder im Imbiss stehen und sich was brutzeln. Ich musste also aufpassen, aber am Ende war alles gut.

Der Werbeeffekt dieser Aktion war auch nicht zu unterschätzen. Wenn etwa fünfzig Anwesende das erlebt hatten, dann war klar, dass es am nächsten oder übernächsten Tag schon 500 wissen.

In einem kleinen Städtchen in Irland verbreitet sich alles Neue wie ein Lauffeuer.

Nachrichten werden umgehend weitergegeben, vor allem, wenn sie jemanden erreichen sollen.

Ein Bekannter aus Deutschland hatte vor, mich mit seiner Freundin zu besuchen, da er beruflich in Middlesborough zu tun hatte.

Leider kam etwas dazwischen und er musste sofort wieder zurück nach Deutschland.

Seine Freundin war schon in Westport. Handys waren zu der Zeit noch nicht so gebräuchlich wie heute, deshalb war es bedeutend schwieriger jemanden zu erreichen.

Also wählte er wahllos eine Nummer. Keine Ahnung, woher er die Vorwahl hatte. Jedenfalls war es die Nummer einer Telefonzelle!

Er ließ es einige Zeit läuten und tatsächlich lief ein junges Mädchen vorbei, hörte das Klingeln, ging hinein und hob ab.

„ Who, the hell do you wanna talk to", schrie sie ins Telefon, hat mir Werner, so heißt er, später erzählt.

Er erklärte sein Anliegen, dass seine Freundin und ein Jürgen Fischer auf ihn warten würden, er aber nicht kommen könne.

Sie kannte mich zwar nicht, aber sie würde es weiterleiten.

Die nächste größere Kneipe war die West Bar. Da ging sie hin und fragte nach einem Jürgen Fischer.

Anwesend war ich zwar nicht, aber es gab jemanden, der mich kannte, und der übernahm als nächstes die Aufgabe der Nachrichtenübermittlung.

Wer immer es auch war, er gab es weiter an eine Person, die in ein Pub ging, in dem ich vermutet wurde. Es dauerte keine zwei Stunden, bis mich die Nachricht erreichte.

An diesem Abend und den gesamten nächsten Tag wurde ich bestimmt zwanzigmal mit der Neuigkeit überrascht. Einsam ist man in Irland nicht, wie, glaube ich, allein dieses Beispiel zeigt.

Die Vorzeichen waren gut für den ersten Einsatz an meinem vorgesehenen Standort. Vorher fuhr ich zu meinem Metzger in Dowra, um zum ersten Mal eine Großration herzustellen.

Padraigh, so hieß er, war, das braucht man kaum zu erwähnen, sehr freundlich, zuvorkommend, unterstützte mich, wo er konnte, und stellte bereitwillig alles zur Verfügung.

Verstohlen spitzelte er aus einem Blickwinkel heraus, wie ich die Gewürze einmengte, und sein Gesicht zeigte schüchterne Neugier.

Es war ihm wohl ein wenig peinlich, dass jemand etwas Neues und so Aufwendiges herstellt. Sein Angebot in der Auslage war seit Jahren gleich geblieben. Nie hatte sich da etwas verändert. Aber er hatte jetzt was Neues zu präsentieren.

Ein Deutscher trat in den Laden ein.

Er bekam mit, dass gerade jemand deutsche Bratwürste frisch gemacht hatte.

Er gleich: „Ohhh, die möchte ich gerne probieren, was kosten die denn?"

Ich überlegte kurz, da ich mir darüber überhaupt keine Gedanken gemacht hatte und sagte: „ 90 Cent, eine". Da bekam er große Augen und sagte: „Das ist ja viel zu teuer, da krieg ich ja mindestens vier oder fünf irische dafür."

„Stimmt, die sind ja auch viel kleiner", antwortete ich ihm beiläufig, da ich schon dabei war, zusammenzupacken.

„Wieso sind die so teuer, das ist ja unverschämt."

„Ich bin 150 Kilometer hergefahren, um sie zu machen, und ich muss die gleiche Strecke wieder zurück. Das kostet viel Benzingeld".

Er dann total erbost und laut:

„Ich bezahle doch nicht dein Benzin."

Darauf antwortete ich ihm nicht, sondern zuckte nur die Achseln.

Immer noch aufgebracht, brabbelte er irgendwas, was ich gar nicht mehr wahrnahm, da mir das völlig egal war.

Wäre er freundlich gewesen und hätte nur ein klein wenig Verständnis und etwas Sympathie gezeigt, hätte ich ihm eine ganze Zehnerpackung geschenkt.

Von Landsmann zu Landsmann.

Er hatte sich seine deutsche Bratwurst, die ja schließlich die allerbesten sind, nicht verdient.

In meinem neuen Haus musste ich die Bratwürste im Kühlschrank unterbringen.

Das war ein Problem, das ich noch zu lösen hatte.

Ich brauchte noch einige Kühlschränke.

Aber Schritt für Schritt.

Wie das aber so ist, geht einem am Schluss, kurz vor der Eröffnung, die Kohle aus oder zumindest wird es eng. So ist das immer. Im Kleinen wie im Großen.

Es war Zeit anzufangen.

Aufgeregt war ich nicht am ersten Morgen, als ich mich zum ersten Mal der Weltbevölkerung mit dem Imbissunternehmen präsentieren wollte.

Selbstverständlich leicht verunsichert, da es noch einige Unbekannte gab.

Ich hatte auch keine Hilfe. Alles musste alleine bewältigt werden. Dazu kam noch, dass ich erst drei Wochen in dem neuen Haus wohnte. Alles um mich herum war mir nicht vertraut.

Damit hatte ich umgehen gelernt. Einsam hätte ich mich schon fühlen können, dafür hatte ich aber zu viele Freunde und Bekannte.

Dass ich niemanden hatte, der mir helfen konnte, empfand ich eher als Pluspunkt. Ich hätte keine Instruktionen geben können, da ich ja selbst nichts wusste.

Wohl ein Teil der Gründe, warum viele Eröffnungen mit Hektik und Stress beginnen.

Ich hatte niemanden zum Streiten und deshalb mehr Zeit, alles auszuloten.

Ich brauchte mindestens eine Stunde, bis ich den Imbisswagen abgehängt hatte und er einigermaßen waagerecht, aber nur einigermaßen, an dem auserkorenen Platz stand.

Das Justieren wurde zum täglichen Geduldsspiel.

Dazu musste ich immer ein paar Steine unter die Stützen, an den vier Ecken des Wagens unterlegen, bis es passte.

Man braucht eben Geduld.

Das Öl in der Friteuse war der Messbecher und ersetzte die fehlende Wasserwaage. Es blieb jeden Tag ein neues Ausloten, da der Platz sehr schräg war. Ich hätte ihn stehen lassen, wenn ich eine offizielle Bestätigung der Verwaltung über die Legitimität meines Unternehmens gehabt hätte.

Um wieder zum täglichen Geschäft zu kommen, so hatte ich relativ schnell viele Kunden. Die „German Sausages" waren beliebt, wurden ausprobiert und angenommen. Burger verkaufte ich noch keine, da ich erst mal etwas spezieller sein wollte.

Auch brauchte ich noch Routine.

Sehr schnell hatte ich auch Stammgäste, die ihre Wünsche äußerten. Dem kam ich nach. Kaffee war das Erste, was ich dazunehmen musste. Tee hatte ich schon, aber das wollten überraschenderweise nur wenige.

Mein erster Kunde morgens, ein Bauingenieur, kam nach kurzer Zeit schon jeden Morgen und trank seinen Kaffee. Er war oft vor mir da und wartete geduldig, bis der Wagen stand und alles eingerichtet war.

Nach und nach trudelten schon nach nur einer Woche die ersten Stammgäste ein.

Ich fand das unglaublich, dass nach so kurzer Zeit sich Leute auf etwas einstellten, was vorher nicht da war. Ein kurzes Gespräch, ein warmes Getränk und der Tag fängt gut an. Dieser Aspekt war etwas, was ich in keinster Weise berücksichtigt hatte. Ich sah mich selbst plötzlich in einer ganz anderen Funktion.

Das Leben fremder Leute war mir auf einmal nicht mehr egal. Die Bratwurstaktion als solche hatte eine ganz andere Wertigkeit erhalten.

Ich freute mich auf meine Kunden.

Es war „Karlchen" aus Speyer, der mich nötigte, endlich „Burger" ins Programm zu nehmen.

Ich hatte zwar eine Abneigung gegen Burger, aber in Irland schmeckt das Rindfleisch bedeutend besser und Burger gehören zum alltäglichen Essensangebot.

Die kommerzielle Ausrichtung meines Unternehmens erforderte auch mehr Umsatz.

Grundsätzlich war meine Maxime, immer nur das Beste zu verkaufen. Also handelte ich mit dem größten Supermarkt des Ortes einen Mengenpreis aus über die besten Burger, die sie im Angebot hatten. Vermutlich kosteten die in den bekannten Imbissen in Town nur wenige Cent. Meine kosteten 35 Cent das Stück im Einkauf. Das war ein Vielfaches.

Dafür war ich auch teurer als alle anderen.

Ich orderte fünfzig Burger im Supermarkt, die jeden Morgen frisch gemacht wurden, und holte sie ab, nachdem ich den Wagen abgestellt hatte.

Zusätzlich hatte ich für die Burger eine Mischung aus Mayo, Ketchup und Gewürzen, eine eigene Sauce, zusammengestellt.

Den Andrang, der jetzt entstand, hatte ich nicht erwartet. Auch nicht gewollt.

Die ersten zwei, drei Wochen könnte man als sehr gute Resonanz bewerten, aber was sich danach abspielte; war kaum noch zu bewältigen.

Ein regelrechter Hype.

In der Mittagspause kamen immer mehr Kunden angefahren.

Meine Burger hatten auch einen bisher noch nicht gekannten, großen Anteil an Salat. Das überzeugte. Nicht unbedingt die deutschen Bratwürste, die auch gut ankamen, aber die Burger waren der Hit. „You are the best Burger in Town", sprach mich jemand an und streckte den Zeigefinger auf mich, als ich nach über drei Wochen das erste Mal abends in der Stadt war.

Ich arbeitete jeden Tag mindestens 15 Stunden. Abends immer alles in den Kühlschrank räumen, morgens wieder raus, einkaufen, wenn die Würste verkauft waren, zu Teddl nach Dowra fahren, neue machen und wieder zurückfahren.

Am gleichen Tag wieder aufstellen und verkaufen. Ich arbeitete pausenlos und war, abgesehen von der Kundschaft, immer alleine. Über Geld machte ich mir vorerst keine Gedanken.

Wirtschaftlich oder nicht, wird sich sowieso bald zeigen, egal. Die Idee zählte.

Ob es mir gut ging, konnte ich gar nicht beurteilen. Ich war zum Arbeitstier mutiert und für nichts anderes mehr da. In dem Haus in dem ich wohnte, war ich nur kurzfristiger Gast und hatte weder Zeit noch Muße, mich einzufühlen.

Mit den sehr bescheidenen Möbeln war es nicht so einfach, es sich wohnlich zu machen.

Die Umgebung allerdings war atemberaubend.

Direkt neben dem Anwesen war ein wunderschöner Golfplatz.

Ich hatte das Golfspielen bewusst nicht angefangen. Alle Bekannten empfahlen mir, es sehr gut zu überdenken, weil es süchtig machen würde. Einer Suchtsportart wollte ich mich nicht unterwerfen. Ich war mit meinem Job sowieso voll eingespannt.

Es kamen immer mehr Kunden.
In der Mittagszeit fuhren jetzt schon Leute von der Stadt hinaus zu mir zum Lunch. Einige kamen von einer großen Druckerei und hatten Bestellungen von ihren jeweiligen Abteilungen dabei.
An einem Mittag gab es sogar einen Verkehrsstau am Eingang zum Industriegebiet.
Ich begann regelrecht zu rotieren.
Nicht nur die wartenden Kunden vor dem Imbiss, sondern die sich allmählich einbürgernden Sammelbestellungen ließen mir zwischen 12 und 14 Uhr keine Atempause.
Am Wochenende nahm der Umsatz stark ab, weshalb ich dazu überging, an diesen Tagen die Würste zu produzieren.
Trotzdem stellte ich mich noch kurz an meinen Platz. Wenn auch nur für wenige Stunden.
Ein Ire in einem goldenen Jaguar kaufte mir an so einem Samstag alle Bratwürste ab, die ich dabei hatte.
Eines Freitagabends gegen 19 Uhr waren acht Deutsche die letzten Kunden des Tages.
Alle hatten sich rein zufällig getroffen. Sie kamen aus dem Umkreis von 25 Kilometern und kannten sich nur zum Teil.

Es hatte sich gezeigt, dass der Platz geradezu perfekt war. Man konnte mit dem Auto ganz nahe an den Imbiss ran fahren, etwas bestellen und dann sich wieder zurück ins Auto setzen und warten. Per Blickkontakt konnte ich Bescheid geben, wenn alles fertig war.

Der Schotte Jock (er hatte mittlerweile einen Job)verbrachte seine ganze Mittagspause bei mir. Er bestellte nie mehr als eine einzige Portion Pommes Frites, die er sehr genüsslich verspeiste. Dann rauchte er einen kleinen Joint und streckte danach alle Viere von sich. Ausgeruht und entspannt fuhr er wieder zur Arbeit.

Da es vom Eingang des Industriegebietes etwa 300 Meter bis zur ersten Firma waren, konnten auf der Straße sehr viele Autos halten. Die meisten nutzten das auch.

Trotzdem blieben immer zwei, drei Kunden zum Schwätzchen stehen. Alles in allem lief es sehr gut. Die Firmen vom Industriegebiet waren auch Teil der Kundschaft, machten aber nur einen geringen Prozentsatz aus.

Bei meinen Freunden von der Schreinerei, die ich von Mc Ging`s her kannte, nutzte sich meine Speisekarte sehr schnell ab, da sie jeden Tag kamen.

Eines Morgens machte mir Percy, der Chef dieser Schreinerei, den Vorschlag, Sandwiches für das Personal zum Frühstück zu liefern. Pro Person / pro Woche fünf Sandwiches. Zwanzig Pfund fand er angemessen und ich willigte ein.

Sechs Mitarbeiter waren daran interessiert.

Zusammen 120 Pfund für die erste Woche.

Natürlich war das nochmal eine andere Sache.

Ich musste zusätzlich einkaufen und mir Sandwich-variationen einfallen lassen.

Mit zwei Scheiben Wurst und einem Salatblättchen obendrauf war das natürlich nicht getan.

In Irland sind Sandwiches z. B. mit einem gekochten Stück Hähnchenfilet, Rindfleisch mit Salat oder Thunfisch mit Zwiebeln, Mais und verschiedenen Salaten großzügig belegt.

Das Brot ist ähnlich dem deutschen Toastbrot und wird nach dem Belegen diagonal durchgeschnitten. Für die Geometriefetischisten: Es entstehen zwei Dreiecke. Das ist mundgerechter und erleichtert das Beißen.

In vielen Pubs wird in der Mittagspause noch zusätzlich eine Suppe gereicht. Auch für die älteren Bürger, deren Zahnreihen schon erschreckende Lücken aufwiesen (weit verbreitet), mühelos einzunehmen. Für viele Handwerker war dies ein typisches Mittagessen.

Ich hatte jetzt gerade morgens noch mehr zu tun. Da ich keine offiziell genehmigte Küche hatte, war das bei einer Firma, mit deren Belegschaft man befreundet ist, kein Problem, aber ausweiten konnte ich das nicht.

Schon kurz nach dem Aufstehen begann ich mit den Sandwiches, da ich noch eines mehr machte um dann mit einem Tee mein Frühstück einzunehmen.

Also direkt nach dem Aufstehen ging ich ins Bad und als ich da raus kam, begann mein Arbeitstag.

Die Arbeit war ganz schön eng an mir.

Sie drang regelrecht in meine Privatsphäre ein.

Das Finanzamt hatte ich noch nicht am Hals. Die würden sich automatisch melden, hatte man mir gesagt. Da hatte ich wenig Zweifel.

Man würde in Irland immerhin Zeit haben, zumindest erst einmal Geld verdienen dürfen, bevor man zur Kasse gebeten wird.

Eines Mittags, es war ausnahmsweise mal nicht soviel los, hielt der Tankstellenbesitzer von einer der drei Tankstellen im Ort.

Es war die Tankstelle, die von meinem Imbiss nur etwa zwei Kilometer entfernt war. Er blieb in seinem Van sitzen und bestellte nichts. Als ich ihn grüßte, kam nur ein zögerliches Nicken, obwohl ich ihn kannte. Sehr eigenartig. Nach zehn Minuten fuhr er wieder weg. Mir schwante nichts Gutes.

Am nächsten Tag kam dann auch schon recht früh eine Frau vom Ordnungs- und Gesundheitsamt. Sie sah sich erst mal den ganzen Wagen an und hatte eine Liste dabei. Sauberkeit war in Ordnung, vorhandener Kühlschrank, Gasflasche ordnungsgemäß außen angebracht, soweit gut. Heißes Wasser konnte ich mit Gas kochen und einen Wasserspeicher hatte ich auch. Aber ein Durchlauferhitzer fehlte.

War das notwendig? Ich konnte heißes Wasser aufbereiten. Aber den kann ich ja einbauen lassen, erklärte ich ihr. Ein Messgerät hatte sie auch dabei und überprüfte die Hitze der Bratwürste!

Ein paar Würste und Burger briet ich etwas vor, damit meine Kunden schneller bedient werden konnten. Nachdem ich sie vorgebraten hatte, ließ ich sie abkühlen und legte sie, wenn keine Bestellung vorlag, in den Kühlschrank.

Damit war sie nicht einverstanden.

Ich sollte alle heiß in den Kühlschrank legen.

Da musste ich ihr widersprechen.

Man gibt nichts Heißes in den Kühlschrank.

Erst abkühlen, dann in den Kühlschrank.

Sie fing an, die abkühlenden Würste und Burger zu messen.

„Die sind nicht heiß genug", sagte sie.

Welche Überraschung.

Die sollen ja auch abkühlen.

Diesen Zusammenhang verstand sie offensichtlich nicht. Sie wurde nervös und ich fing an zu lachen. Ihr Gesicht färbte sich allmählich rot und sie schien an ihrer Mission zu zweifeln.

Ich begann ihr zu erklären, dass ich in Deutschland eine Kochschule besucht hatte und dass das, was sie mir da erzählte, falsch sei.

Wo sie gelernt habe, war die Frage die ich ihr dann noch stellte. Das brachte sie völlig aus dem Konzept. Sie wurde sehr verlegen. Vermutlich war ich ihr erster Auftrag, den sie selbstständig ausführte. Ich half ihr etwas auf die Sprünge, indem ich ihr zusammenfassend sagte: „Ich brauche einen Umlauferhitzer und alles andere ist in Ordnung. Sie haben mich jetzt überprüft und Ihr Soll erfüllt." Das war mehr oder weniger die Aufforderung zu gehen. Das hatte sie begriffen und verließ voller Selbstzweifel meinen Imbiss.

Am nächsten Tag kamen außer den üblichen Kunden zwei auffällig unsympathische Typen.
Sie änderten mehrmals ihre Bestellung, während ich sie zubereitete. Ich war kurz davor sie wegzuschicken. In diesem Moment war aber kein anderer Kunde zugegen. Ich ließ mir nichts anmerken, war aber schwer genervt. Als sie abzogen, fragte ich mich, was das jetzt war. So benimmt sich normalerweise kein gesitteter Ire. Beide waren braungebrannt und gut angezogen. Blendertypen.
Am nächsten Tag sollte ich feststellen, wer sie waren. Einer davon, vermutlich aber wohl beide, waren Rechtsanwälte von der Gemeinde. Der eine erschien gleich morgens, wies sich aus und erklärte mir, dass ich den Platz verlassen müsse und die Gemeindeverwaltung nicht damit einverstanden sei, hier einen Imbiss aufzustellen.
Dass ich ein Einverständnis von einem Beamten in Castlebar hatte, erklärte ich ihm zwar, wusste aber natürlich, dass ich mir das hätte sparen könnte.
Was blieb mir übrig? Ich fuhr zu der zuständigen Stelle in Castlebar, um mit dem zu sprechen, der mir bedenkenlos seine Zusage gab, mir aber nichts schriftlich geben wollte.

Dieser Beamte wurde knallrot im Gesicht und verschwand sofort in einem Zimmer hinter dem Empfangstresen.

Ich wartete.

Er musste ja wieder herauskommen.

Es waren noch andere Leute da, die er bedienen musste. Als er wieder herauskam, bombadierte ich ihn erneut mit Fragen.

Er konnte mir nicht in die Augen schauen und antwortete nicht. Er sagte kein einziges Wort. Er fing an, andere Kunden zu bedienen, aber ich fiel immer wieder in seine Anfrage an andere Kunden ein und unterbrach relativ laut jedes Gespräch.

Ich wollte wissen, warum ich den Platz verlassen sollte. Er konnte oder wollte nichts dazu sagen.

Ich gab es auf und fuhr zurück.

Ich war geschockt. Was sollte ich jetzt tun. Ich hatte gerade 200 Bratwürste frisch gemacht und entschied nach einem Tag Pause mich wieder hinzustellen.

Dass ich damit nicht weit kommen würde, war klar. Ich wollte etwas Zeit gewinnen

Einen anderen Platz zu finden war schwierig. Es gab auch weit und breit keinen anderen, der annähernd so gut gelegen war. Im Industriegebiet bekam ich Angebote, aber ich lehnte das ab.

Vor der Schreinerei war eine Alternative die mir angeboten wurde, aber ich hatte zu wenig Glauben und vielleicht auch Energie, es dort zu probieren.

Zwei Tage später stellte ich mich noch einmal auf, um wenigstens noch etwas zu verkaufen und nichts wegwerfen zu müssen.

Einer der Kunden deutete an, dass der Tankstellenbesitzer etwas damit zu tun hätte.

Natürlich kam der Anwalt wieder vorbei, nahm meine Personalien, Autokennzeichen usw. auf und schon am nächsten Tag hatte ich es per Post schriftlich:

Ich musste aufhören.

Einige Tage später traf ich denjenigen wieder, der eine Andeutung gemacht hatte, und er erzählte mir ganz konkret, dass der Tankstellenbesitzer einen Umbau mit Imbiss geplant und alle Hebel in Bewegung gesetzt hätte, um Konkurrenz auszuschalten.

Operation gelungen, Patient tot.

Ich fühlte mich matt und ausgelaugt

Der Zufall wollte es, dass genau in dieser Woche sich ein paar Freunde zu Besuch angemeldet hatten. In der Nacht, bevor sie ankommen sollten, konnte ich kaum schlafen, so deprimiert war ich.

Ihre Ankunft half mir aber, nach vorne zu schauen und das Gewesene so schnell wie möglich zu vergessen. Mein Verdrängungsmechanismus funktionierte recht gut.

Obwohl ich viele Monate mit Vorbereitungen und der Umsetzung verbracht hatte, gelang es mir recht schnell, das Ganze ad acta zu legen.

Mir blieb ja auch nichts anderes übrig.

AUF JOBSUCHE

Nach dem „Erfolg" mit dem Imbiss hatte ich mir durch den Besuch meiner Kumpels Waller, Bibber und Gerard eine ganze Woche Auszeit genommen und mich nicht um einen Job gekümmert. Wir machten gemeinsam einige Ausflüge. So fing ich erst gar nicht an zu grübeln. Durch meine Investitionen und die hohe Miete für das Haus war ich fast pleite, aber es musste weitergehen.

Ich war erschöpft. Sehr viel Aufwand und Energie hatte mich das alles gekostet. Aber das ist manchmal nicht genug. Man braucht auch etwas Glück oder zumindest kein Pech. Was wäre der Erfolg gewesen? Den hatte ich nach meiner Philosophie eigentlich gehabt. Dass es kommerziell in der kurzen Zeit noch zu nichts geführt hatte, war eigentlich egal. Erlöst von einem viel zu intensiven Arbeitsaufwand, hätte ich eigentlich zufrieden sein müssen. Das war ich irgendwie trotz allem. Immerhin hatte ich meine Idee umgesetzt. Im tiefsten Inneren war ich erleichtert.

Wie ich schon als Fußballer lernte, geht es immer weiter. Heute mit `nem Hattrick der King – nächste Woche der Depp mit einem Eigentor.

Auch jetzt gibt es wieder eine Lösung. Keine Panik. Es wird auch wieder etwas Neues sein. Was es sein wird? Das ist immer die spannende Frage.

Vielleicht ist dies der Grund, warum ich öfter als andere Leute neue Dinge angehe.

Ich belieferte weiterhin die Schreinerei mit Sandwiches.

Da meine Freunde an ihrem letzten Tag schon gegen 6 Uhr morgens losfahren mussten, war ich sehr früh mit aufgestanden und hellwach. Es war ein wunderschöner, wolkenloser Tag voller Sonnenschein. Ich machte mir ein ausgedehntes Frühstück, lieferte die Sandwiches an die Schreinerei und fuhr danach in die Stadt, um mich nach einem Job umzusehen.

Ich hatte auch schon eine Idee.

Mein erster Gast am Imbiss jeden Morgen, der Bauingenieur, hatte mir erzählt, wo er arbeitet. Vielleicht er selbst, oder wenn nicht, kennt er vielleicht jemanden, der eine Arbeitskraft sucht.

Ich fuhr also Richtung Zentrum, wo schon früh sehr viel Verkehr war. Überall standen Lieferwagen kreuz und quer vor den Geschäften und man musste ziemlich aufpassen und regelrecht Zickzack fahren, da sich niemand drum scherte, ob jemand andere behindert, oder ob es einen Stau gibt.

Mir hat das immer sehr gut gefallen – genau genommen war ich eigentlich richtiggehend begeistert - dieses Chaos zu sehen.

Auf jeden Fall musste man natürlich langsam fahren und aufpassen.

Nicht so ein Bauer, der auf einem Parkplatz vor Hoban`s Pub geparkt hatte.

Vor lauter Ungeduld ob der unübersichtlichen Straßenszene, gab er einfach Vollgas, ohne in den Rückspiegel zu schauen, und schoss rückwärts auf die Hauptstraße.

Zufälligerweise fuhr ich da gerade vorbei - und es krachte.

Ich hatte unmöglich ausweichen können. Er war rückwärts schneller gewesen als ich vorwärts.

Ich hielt an und stieg aus.

Er auch.

Wie ein Blitz kam er auf mich zugeschossen und brüllte: „Du bist mir rein gefahren, warst viel zu schnell". Ich war doch sehr überrascht, da die Sachlage klar war.

Ich antwortete sofort: „Nein, du bist raus gefahren, ohne zu gucken", und lief sofort von ihm weg, auf einige Passanten zu, die auf dem Bürgersteig unterwegs waren und befragte sie, ob sie gesehen hatten, was da passiert ist.

Dabei rief ich dem Fahrer noch zu:

„ I call the Police." Worauf er zurückrief :

„No, I call the Police".

Als keiner der Passanten zu meiner Zufriedenheit reagierte, drehte ich mich herum und lief noch einmal zu ihm hin und sagte: „Ich gehe jetzt zur Polizei". Schnellen Schrittes marschierte ich davon.

Ich war keine Zehn Meter weit weg, da kam er mit seinen für Farmer typischen Gummistiefeln hinter mir her gerannt und rief:

„Stop, Stop, no Police!"

Er wollte es dann doch anders geregelt haben.

Wir schauten uns meinen Schaden an.

Nichts Elementares, nur eine große Delle in der Fahrertür. „Was kostet das?", fragte er.

„Eine neue Tür (natürlich nur eine neu-gebrauchte vom Schrottplatz) oder reparieren", sprach ich so laut vor mich hin: „120 Pfund."

Damit war er einverstanden, ohne zu jammern und ohne zu handeln.

Wir gingen dann zu seinem Wagen, wo auf dem Beifahrersitz eine Jacke lag.

Da holte er dann ein fettes Bündel Scheine aus der Seitentasche, bestimmt mehrere tausend Pfund, und zählte sechs 20 Pfundnoten ab.

Dabei flüsterte er mir ins Ohr:

„Die sind hinter mir her. Das ist jetzt schon das dritte Mal." Worauf ich doch ziemlich grinsen musste.

Wir grinsten beide.

Dann schüttelten wir uns noch recht freundschaftlich die Hände und wünschten uns einen schönen Tag.

Die Woche hatte gut angefangen.

Souverän und gelöst setzte ich mich dann in meinen Peugeot 305 Kombi, der mir immerhin so früh am Tag schon 120 Pfund verdient hatte.

Ich machte mich auf nach Louisburgh, um den Bauingenieur zu suchen.

Die Fahrt genoss ich in vollen Zügen, da die zwanzig Kilometer reine Küstenstraße bedeuteten und ich immer das Meer und die Weite der Bucht mit ihren vielen Inseln im Blickfeld hatte.

Durch Nachfragen bei den „locals" fand ich die Baustelle recht schnell. Ihn auch, und er konnte mich gebrauchen. Er war dabei, ein Fundament für eine Werkshalle zu legen.

Am nächsten Tag schon kam der flüssige Beton und ich stand dann mit Gummistiefeln und Friesennerz bei Wind und Regen waagerecht, mit einer Schaufel bewaffnet, und verteilte den ganzen Schlamm.

Auf einer anderen Baustelle fuhr ich im Laufe der Woche noch mit einem Kipplader Sand eine steile Auffahrt hinauf und da man nicht wenden konnte, rückwärts wieder hinunter.

Nicht ungefährlich, da es rechts und links zehn Meter tief nach unten ging.

Für ihn fuhr ich nie schnell genug.

Am Ende der Woche zickte er auch noch mit der Bezahlung rum, wollte noch mal neu verhandeln, aber schließlich gab er mir doch den ausgemachten Lohn. Darüber genervt sagte ich zu ihm:

„If it doesn`t rain, I might come on Monday.

If it rains - I`m not coming."

Eigentlich regnet es in Irland immer.

Ich habe ihn nie wieder gesehen.

HEHEHAN`S PUB

Am Wochenende tauchte ich endlich mal wieder in die Musik - und Pubszene ein.

John Mc Ging`s Pub – Henehan`s Live Music Pub und Hotel Castlecourt Disco nach „closing time" zum Abschluss. Das war das Abendprogramm am Freitag und Samstag.

Morgens ging ich in ein Cafe zum Frühstücken und am späten Nachmittag in ein Restaurant zum Essen.

Am Sonntag ließ ich es etwas langsamer angehen. Ich las den ganzen Nachmittag die Sunday Times. Sie war etwa doppelt so dick wie eine deutsche Samstagszeitung, kostete damals nur ein Pfund und man konnte fast die ganze Woche drin lesen.

Beim Lesen dieser Zeitung befiel mich jedes Mal ein fast euphorisches Gefühl der Freiheit. Es gab intensive Reportagen aus allen Erdteilen.

Ein positives Gefühl, eine Art Weltoffenheit beschlich mich.

Ich breitete die Sunday Times auf dem Boden aus und kniete mich zum Lesen. So konnte ich Stunden verbringen. Als Zugabe gab es das Sunday Times Magazine, Culture und Style und noch zwei andere kleine Magazine.

In den vergangenen Jahren war es Mode geworden, auch noch kostenlose CDs beizulegen.

So beispielsweise eine CD von Ray Davis von den Kings oder Filme über globale Erwärmung bis hin zu alten Schinken mit Sophia Loren. Der Preis hat sich dabei in den letzten zwanzig Jahren nur etwa verdoppelt. Jeder Ire hatte im Jahr 2000 im Schnitt 1000 Pfund für Zeitungen ausgegeben! Das hat mich nicht besonders überrascht, da die meisten Leute, die ich sonntags in den Geschäften gesehen habe, bis zu fünf verschiedene Blätter kauften.

Kurz vor 18 Uhr fuhr ich in die Stadt, um mir meinen Stammplatz in der TV- Lounge in Henehan`s zu sichern. Der befand sich im vorderen Bereich und nahe dem Raum, in dem die Bands spielten. Henehan`s besaß noch einen zweiten Eingang. Durch diesen hereingekommen, dachte man, man betritt einen Eisenbahnwaggon, so waren die Sitzbänke angeordnet. Am Ende mündete der Raum in den Bereich, der den Live Acts vorbehalten war. Freitags spielten Nachwuchsbands und am Samstag Bands, die man aufgrund ihrer Klasse als professionell bezeichnen musste. Eines Samstags saß für mehrere Stunden Baby Spice Girl Emma Bunton neben mir auf dem Barhocker. Ich wollte mich nicht mit ihr unterhalten, da mir ihr ordinäres Englisch zu Ohren kam und ich es ziemlich abstoßend fand. Zuerst fragte ich mich, was das wohl für ein blondes Gift ist, was da neben mir sitzt.

Auf der Toilette steckte mir jemand, wer sie war. Ob sie wohl wusste, welche Klasse die Musiker in Westport hatten? Aber sie blieb den ganzen Abend in der TV-Lounge, obwohl später im Nebenraum eine fetzige Punkrock Band spielte.

Auch der Schlagzeuger von Trio hatte mit einer Band aus Galway schon hier gespielt.

Wenn auch nicht alle Berufsmusiker waren, so ließ ihre Klasse dieses Urteil unbedingt zu.

Die Piston Slappers waren eine dieser Bands. Tommy Hodgins, Josy Joyce und Derek Mc Gowan mit wechselnden Bass- und Keyboardspielern. Die Band habe ich über zwei Jahre lang jeden Samstag gesehen. Sie konnten so ziemlich alle Rock- und Bluestitel spielen. Sie probten nie. Ein neues Lied wurde nach kurzer vorheriger Absprache gespielt.

Tommy verweigerte sogar das Warmspielen und blieb bis zum letzten Drücker in John Mc Ging`s Pub und trank sein Bier.

Regelmäßig standen die Leute auf den Tischen und tanzten. Das Musikprogramm, das man hier über Jahre hinweg geboten bekam, war sensationell. Die Resonanz war auch dementsprechend und es war immer brechend voll.

Wenn es im Sommer heiß war, wurde draußen gespielt. Dann standen bestimmt 300 Leute dicht gedrängt in dem schönen malerischen Hinterhof. Natürlich war es laut und einige hundert Meter weit zu hören, aber Musik ist in Irland ein wertvolles Kulturgut und wird sehr geschätzt.

Eine einzige Person hatte einmal gegen Live Auftritte und deren Lautstärke geklagt und verloren.
Der Richter urteilte, dass das Gemeinschaftsinteresse vor dem des Einzelnen zu stehen hat.
Eine tolle Band war auch Mick Duffy and Friends.
Sie spielten auch eine Weile samstagabends in Henehan`s. Mick hatte neun Kinder von drei verschiedenen Frauen! Am Schlagzeug spielte seine damalige Freundin, mit der er aber kein Kind hatte.
Sie sah wirklich nicht gerade gut aus und machte immer noch ein mürrisches Gesicht dazu, während Mick sehr freundlich und ein echter Gentleman war.
Am Ende eines Konzerts sah ich, da ich gerade vom Nebenraum hinein spitzelte, wie sie ihn mit schlecht gelaunter Miene: „Genug jetzt", anfauchte und lustlos auf dem Schlagzeug herum trommelte, um den Schluss einzuläuten. Daraufhin fletschte Mick seine Zähne, ging etwas in die Knie, drehte sich zum Publikum und setzte zu einem fetzigen Gitarrensolo an, das er ziemlich ausdehnte.
Ein schräges Paar, das überhaupt nicht zusammenpasste. Es hielt auch nicht lange.
Sie wandte sich den Frauen zu, wurde lesbisch und tat sich mit der hübschen Susie zusammen, die ihrerseits den Schotten Jock verlassen hatte.
Mick, seine Ex mit zwei Kindern und Susie traf ich zufällig bei einer Rundreise auf der Hauptstraße in Sneem, einem kleinen Städtchen im Süden Irlands.
Mick lud mich und meiner Freundin Ulrike, mit der ich eine Rundfahrt machte, zu einem Tee in seinem

Haus ein, wohin wir allerdings weit fahren mussten.

Sein Haus lag oben in den Bergen. Es ging sehr steil hoch. Steine, Pfützen und Matsch überall. Ich konnte nur Schritttempo fahren.

Der Anblick des Hauses entschädigte für alles.

Das ganze Gelände war mit Plastiktüten übersät, mit denen eigentlich der Torf gegen den Regen geschützt werden sollte.

Leider hatte der Wind sie in sämtliche Richtungen verweht.

Drei Schrottautos standen auf dem Weg zum Hauseingang Spalier.

Vom Haus selbst war teilweise der Verputz abgeblättert und Farbe hatte es auch schon lange nicht mehr gesehen.

Als wir das Haus betraten, stellte ich fest, dass das Dach nicht mehr vollständig gedeckt war.

Ins Wohnzimmer hatte es leicht rein geregnet.

Über dem Kamin hing ein Bild mit Mary Robinson, Staatspräsidentin in den 1990ern, wie sie den heiligen Croagh Patrick mit Gefolge hinaufwandert und von Jörgen Fischer mit dem Dudelsack angeführt wird.

Mick erzählte, dass es nicht lange gedauert hätte, bis Jörgen von der ganzen Meute überholt wurde und weit abgeschlagen, mutterseelenalleine immer weiter spielte.

Vergleichbar vielleicht mit der Kapelle auf der Titanic.

Der erste Blick fiel aber auf eine alte Adler-Schreib-maschine, in der ein Blatt eingespannt war, auf dem ein Reim von Mick geschrieben stand.

Mick war ein Poet. Das merkte man allein schon an seiner Art zu sprechen.

Als er uns den Tee brachte, entschuldigte er sich für die Zustände. Es gab natürlich nichts zu ent-schuldigen und auch nichts zu erklären, wenn man so viele Kinder und wenig Geld hat.

Es gab etwas, was anderen vorbehalten war und mit Mick wenig zu tun hatte. Arbeit.

Ich kenne noch mehr Leute, bei denen es mir schwer fällt, sie in irgendeiner Form mit Arbeit in Verbindung zu bringen.

Die für die alltägliche Arbeit Geborenen haben es bestimmt leichter im Leben.

Er erzählte mir, einige Wochen vorher sei ein ame-rikanischer Photograph hier gewesen und der wäre von Haus und Umgebung total begeistert ge-wesen: „I felt a bit like shit about it", war sein Kom-mentar dazu, mit leicht säuerlichem Gesichtsaus-druck.

Hinter dem Haus waren sogar noch zwei Schrott-kisten mehr. Der Photograph hatte hier echt fette Beute gemacht.

Mick organisierte für den Abend im Städtchen noch eine Session, extra für uns.

Am nächsten Tag fuhren wir weiter.

Mick wechselte oft zwischen Sneem und Westport hin und her, so dass ich ihn immer mal wieder traf.

Ich erinnere mich noch, dass wir beide an der gleichen Tankstelle tankten und unser beider Autos,
die sich gegenüber standen, nicht ansprangen.

Der eine half dem anderen beim Anschieben...

Auch so können Freundschaften entstehen.

Nach seinen Konzerten stand Mick am Ausgang
und wünschte, oder besser gesagt hauchte jedem
eine gute Nacht, mit den Worten: „Sweet, sweet
dreams".

Er war genau wie Tommy Hodgins neben Rock und
Blues auch in der Folk Szene zu Hause und ebenfalls Stammgast in John Mc Ging`s Pub und oft Teil
der dortigen Folksessions.

Wenn ein fremder Musiker ihn begeisterte, hörte
er auf zu spielen, um ihm besser zuhören zu können. Ich riet ihm immer wieder doch mitzuspielen,
um sich zu verbessern und um gute Kontakte zu
bekommen, aber er genoss die Klasse der Anderen.

Er legte keinen Wert auf Karriere und Geld.

Ich besaß zwei bespielte Kassetten von ihm, die
mir leider Gäste in meinem Cafe gestohlen haben.
Sie wussten wohl, dass es sie in Deutschland wahrscheinlich nie zu kaufen geben wird.

Sonntagabends kamen traditionell einige Leute in
die TV–Lounge, um die Simpsons zu gucken. Ein
richtiger Spaß als Gemeinschaftserlebnis. Man hat
mehr zu lachen, wenn man sie sich mit vielen Leuten anschaut.

Gegen 19 Uhr kam Karina, mit der ich verabredet
war. Ich hatte sie am Abend zuvor auch in Hene-

han`s kennengelernt. Sie verkaufte Schmuck, den sie selbst herstellte. Ihr gingen die Bauteile aus, so befragte sie so ziemlich jeden, ob er wüsste, wo man die bekommen könne. Das wusste ich zwar auch nicht, erklärte ihr aber, dass es in Galway fast alles gibt und man dort ja mal hinfahren könnte. Wir verabredeten uns für den nächsten Tag, da das Pub überfüllt war und die Unterhaltung, ob der Lautstärke, sehr anstrengend.

Irgendwie hatte ich das Gefühl, es etwas länger mit ihr zu tun zu haben.

Sie kam aus Paris, war algerischer Herkunft, und von ihrem Ex-Mann einem Arzt, geschieden, und eine der schönsten Frauen, die ich bis dahin gesehen hatte.

Sie war in einem Jugendcamp im Rugbyclub als Köchin angestellt und fand dort alles furchtbar. Die Arbeit, die Mitarbeiter und Betreuer. An niemandem ließ sie ein gutes Haar. Sie wollte da weg, aber es war nicht so einfach, da sie einen Vertrag unterschrieben hatte, der auch den Rückflug beinhaltete. Ich lud sie zu mir ein und wir kochten Spaghetti und tranken noch eine Flasche Cotes du Rhone (der zweitbilligste Rotwein für Pfund 6,50!) zusammen. Sie übernachtete anschließend bei mir. Abgeschleppt... denkst du jetzt.

IN DER SCHREINEREI

Am nächsten Morgen brachte ich Karina zum Rugbyclub und bot ihr an, bei mir zu wohnen, falls ihre Probleme zu groß werden würden.

Danach fuhr ich weiter, um die Schreinerei zu beliefern.

Dort erwartete mich Percy, der Chef.

Er war ziemlich aufgeregt, das war unschwer zu erkennen. Bei jeder Aufregung bildeten sich in seinen Mundwinkeln immer weiße Speichelablagerungen, wie bei einem Sportler, der bei 35 Grad Hitze lange nichts getrunken hat.

Er legte los.

Heute Morgen hätte er einen seiner besten Freunde rausgeschmissen. Allan.

Seit dem 6. Lebensjahr waren sie fast jeden Tag zusammen gewesen.

Er hat die vergangenen drei Wochen nur gesoffen und ist nicht zur Arbeit gekommen. Deshalb habe er ihm am letzten Donnerstag den Wochenlohn nicht überwiesen.

Heute ist Allan aufgetaucht, hat sich beschwert und Percy beschuldigt, er habe ihm das ganze Wochenende versaut, weil er ihm kein Geld überwiesen hätte.

Nach kurzer Pause kam dann:

„Das könntest du machen! Du musst es machen! Das ist ein Job für dich." Nötigte er mich.

„Ich weiß ja noch nicht mal, was zu tun ist", war meine Reaktion.

Er würde mir alles beibringen und es sei kein Problem. Außerdem würde ich ja alle Leute schon kennen, meinte er.

„Probieren kann ich es ja mal", dachte ich mir, außerdem wollte ich ihn nicht enttäuschen, da das ja immerhin ein seriöses Arbeitsangebot war.

Einen Job hatte ich ja gerade keinen, pleite nicht ganz, aber trotzdem ist das nicht gleich ein Grund bedenkenlos seine wertvolle Lebenszeit zur Verfügung zu stellen.

„O. K.", erklärte ich ihm: „Im Laufe des Nachmittags komme ich vorbei und dann kannst du mir ja alles zeigen."

Ich musste Arbeitskleidung anziehen und wollte noch einkaufen und zu Mittag essen.

Damit war er zufrieden.

Er nahm mir erst jetzt die Sandwiches aus der Hand und brachte sie in den Aufenthaltsraum.

Ich hatte seit Jahren schon eine besondere Beziehung zu dieser Schreinerei. Percy fing mit zwei Freunden vor einigen Jahren im Hinterhof von John Mc Ging`s Pub in drei kleinen Räumen an, eine Werkstatt einzurichten. Das allererste Möbelstück war, ein im alten traditionellen Stil hergestellter Küchenschrank - wie später alle anderen Teile auch – nur aus Vollholz.

Es wurden auch andere Möbel produziert, aber mit der Zeit spezialisierten sie sich auf Küchen.

Das Personal war recht schnell auf sechs Personen angewachsen. Die Mittagspausen und der Feierabend wurden damals noch im Pub abgehalten. Am Freitag war Zahltag und Percy verteilte die Briefumschläge an jeden persönlich und gab ein oder zwei Runden Guinness aus.

Da saß dann immer die komplette Belegschaft auf den Barhockern nebeneinander.

Zu dieser Zeit etwa fing ich mit Holzskulpturen an. Ich hatte irgendwann ein kleines Stück Holz in den Mooren der Umgebung gefunden, das ich mit Schmirgelpapier zu bearbeiten begann, da mir die Maserung gefiel. Ich hielt nach anderen Teilen Ausschau und hatte bald eine ganze Sammlung formschöner Holzstücke.

Mein erstes großes Teil hat mir dann Percy mit einer seiner Sägen abgetrennt. Er kam dabei ziemlich ins Schwitzen, denn er hatte Angst um sein Sägeblatt.

Da das Holz, das ich verwende, zum Teil Tausende von Jahren im Moor gelagert hatte, ist es bedeutend härter als herkömmliches Handelsholz und die Sägeblätter erhitzen sich schneller. Es fing an zu qualmen und man musste das Metall immer wieder abkühlen lassen.

Auf diese Art bekam ich die Entwicklung von Percy`s Team hautnah mit, und da sich jeder für Holzarbeiten interessierte, gab es viel zu erzählen und man tauschte Ideen und Kenntnisse aus. Später bezogen sie dann eine nagelneue, große Werkshalle, in jenem Industriegebiet, vor dem mein Imbisswagen stand.

Die Firma war inzwischen auf zwölf Mitarbeiter angewachsen. Schon lang vor meiner Imbisszeit bot mir Percy an, alle seine Geräte zu benutzen, was ich auch ab und zu nutzte. Da hatte ich Unterhaltung und gute Musik den ganzen Tag.

Als Percy eine Woche in Urlaub ging, bot ich ihm zum Ausgleich meine Fahrdienste kostenlos an und lieferte dann die fertigen Küchen aus.

In den Mittagspausen hatte ich auch schon öfter Telefonbeantworter gespielt, da ich keine Pause machte. So musste auch die Firma nicht abgeschlossen werden, und falls jemand kam, war jemand da, der Auskunft geben konnte.

So war mir zumindest nicht alles fremd.

Mein neuer Job allerdings schon.

Ich sollte lackieren.

Eine ziemlich diffizile Angelegenheit und ungesund dazu. Aus diesen beiden Gründen wird das natürlich gut bezahlt.

Das hat mich aber noch nie beeindruckt.

Geld ist mir im Grund egal und dient nur als Mittel zum Zweck.

Es verhält sich wohl wie beim Sex, man hat nur ein Problem, wenn man es nicht hat.

Die Einführung, die zum Lackierer, zeigte mir, dass man viel Gefühl braucht, um mit der Spritzpistole umzugehen.

Da mich neue Dinge ja meistens interessieren, fing ich an mich damit anzufreunden.

Bei dieser Arbeit sieht man sofort, was man gemacht hat. Besonders bei Farblackierungen. Leider auch wenn vorher die Holzverarbeitung schlampig war.

Mit Erfahrung sieht man das vorher.

Ist die Grundierung oder Farbe aber schon drauf, muss man warten, bis sie getrocknet ist, muss alles abschmirgeln und verbessern oder lässt es verbessern und kann alles noch einmal machen.

Da stockt natürlich der Fertigungsprozess.

Zeit hatte ich aber immer genug.

Ich konnte alle Arbeiten locker und ohne Druck erledigen.

Die Einführung von Percy hatte mich überzeugt.

Ich nahm die Arbeit an.

Mit gemischten Gefühlen fuhr ich am ersten Arbeitstag nach Hause.

Ich brauchte mir nun wegen des ungeliebten Geldes keine Sorgen mehr zu machen, aber konnte ich den Anforderungen des Jobs gerecht werden?

Gedankenverloren kam ich zu Hause an.

Ich ging direkt in die Küche, um mein Abendessen vorzubereiten.

Was sah ich da, als ich durchs Küchenfenster hinten auf den Hof blickte?

Tatsächlich musste ich zweimal hinschauen und traute meinen Augen kaum.

Da standen mehrere Koffer, mit einer Plane und ein paar Steinen gegen Wind und Regen abgedeckt.

Karina! Sie hatte ich völlig vergessen.

Mit Karina in Galway

Job geht vor, denkt ja der Deutsche!
Sie wollte wohl offensichtlich mein Angebot anneh-
men. Mit meinem Gefühl, dass ich es länger mit ihr
zu tun haben werde, hatte ich mich nicht getäuscht.
Sie lebte von nun an für einige Wochen bei mir.
So attraktiv sie war, so mysteriös war sie auch. Sie
war in vielem sehr talentiert und barg viel Afrika in
sich. Gemeinsam arbeiteten wir am Wochenende
an Skulpturen und lebten künstlerische Phantasien
aus. Nach einigen Wochen ging sie wieder nach Paris zurück, wo ich mich später einige Male mit ihr
traf. Auch hat sie mich schon zweimal in Speyer
Besucht. Vor kurzem habe ich sie bei Arte in einem
französischen Film als Komparsin gesehen.

Die ersten Wochen klappte alles recht gut und ich hatte Spaß an der Arbeit. Es waren hauptsächlich Küchen mit Klarlack zu spritzen und das hatte ich recht schnell drauf.

Eine bis eineinhalb Wochen war für eine komplette Küche veranschlagt. Zwischendurch gab es noch kleinere Jobs auszuführen.

Ich bekam alle Arbeiten gut hin.

Regelrecht begeisternd war die Arbeitsatmosphäre. Das lag schon daran, dass jeder wirklich gerne mit Holz arbeitete und den Job nicht nur als Broterwerb sah. Das konnte man gut erkennen, wenn man sich umschaute. Jeder Einzelne war total in seine Tätigkeit vertieft und schaute mal einer zwischendurch auf und es trafen sich Blicke, kam immer wohlwollendes Lächeln auf.

Es war eine relativ große Schreinerei. Die Werkshalle hatte ungefähr 700 Quadratmeter und war etwa sieben oder acht Meter hoch. Zwölf Mitarbeiter in der Produktion und eine Sekretärin, Percys Schwester.

Sechs Mitarbeiter waren um die zwanzig Jahre alt, die andere Hälfte um die Vierzig.

Eine gesunde Mischung.

Interessant deshalb, weil das Hauptthema nicht die Arbeit, sondern die Musik war.

An der Stirnseite, der Wand, die zum Ausstellungsraum führte, waren zwei große Lautsprecher angebracht. Die dazugehörige Anlage und die CD-Sammlung waren Zentrum größten Interesses.

Jeder konnte seine eigene CD mitbringen, aber sie musste schon im Rahmen des allgemeinen Geschmacks sein.

Den ganzen Tag lief die Anlage volle Lotte.

Trotz verschiedener Geschmäcker, die aber nicht zu weit auseinander lagen, die Oldie Sendung jeden Morgen zwischen 11 und 12 Uhr im Radio wollte jeder hören.

Undenkbar, dass die Sendung versehentlich verpasst wurde. Kurz vor 11 Uhr bekam Joe, dessen Werkbank der Anlage am nächsten war, von irgend jemandem gesteckt, dass er den Sender einstellen sollte.

Das war unzweifelhaft der Höhepunkt des Arbeitstages. Oft genug kam es vor, dass Percy die Lautstärke noch um einiges erhöhte.

Das passierte mehrmals am Tag.

Der Chef kam, um lauter zu machen! Ich glaube nicht, dass es in Deutschland viele Firmen gibt, in denen der Chef die Musikanlage lauter aufdrehen würde als der Rest der Belegschaft.

Im „Showroom" war es so laut, dass Percy mit der Hand eine Ohrmuschel bildete um die Kunden besser verstehen zu können.

Wie bei einem älteren Pärchen, das an einer meiner Skulpturen interessiert war, die ich mittlerweile im Ausstellungsraum stehen hatte.

Percy hatte mich ihnen vorgestellt. Eine Unterhaltung war ob der Lautstärke kaum möglich, weshalb die beiden sich ausgerechnet ihm hilfesuchend zuwandten, der aber überhaupt nicht zu begreifen schien, warum sie ihn so anschauten.

Sie hießen Larry und Lorraine. Larry war gerade Rentner geworden und beide erfüllten sich ihren Lebenstraum. Sie hatten jahrelang in Dublin gelebt und darauf hingearbeitet, ihren Lebensabend in Westport zu verbringen. Ihr Haus in Dublin war schon verkauft und jetzt hatten sie in Westport ein neues Zuhause gefunden.

Ich habe selten ein glücklicheres Paar gesehen. Hand in Hand standen sie da und erzählten von ihrem Glück.

Für das neue Haus wollten sie auch eine neue Küche und zur Verschönerung eines meiner Objekte.

Mein Teil wollten sie in vierzehn Tagen abholen, dann sollten auch die Möbel aus Dublin kommen.

Ich freute mich über den Verkauf, aber auch über dieses Glück, das da in Form von zwei Menschen, beide 65 Jahre alt, vor mir stand.

Vierzehn Tage später war der Scheck von Larry da.

Wenige Wochen später, an einem Freitagabend in Mc Ging`s zum Feierabenddrink erzählte mir Percy, dass Lorraine plötzlich an einem Herzinfarkt gestorben sei. Ich hätte am liebsten losgeheult und war total geschockt. So kann einen das Schicksal treffen.

Dem Lebenstraum so nah...

Eines Tages kam Percy auf mich zu und erklärte mir, dass bald der größte Auftrag zu bearbeiten sei, den die Firma jemals hatte: Zwei Küchen für eine amerikanische Firma in Carrick-on-Shannon, welches so ziemlich in der Mitte von Irland liegt.

Die Farbe war ein Beige mit einem leichten grünen Schimmer. Preis: 40000 Pfund für eine Küche, ohne Geräte! Damals umgerechnet für beide Küchen: 200000 DM.

Vorher war nur noch ein Farbjob zu erledigen, womit ich mich einstimmen konnte. Das klappte mühelos und ich wartete auf den Großauftrag.

Der kam dann auch.

Montags erfuhr ich, dass mein Part am Donnerstag beginnen würde und Liefertermin am Samstag sei.

Mein Arbeitsbeginn, den ich mir ausgesucht hatte, war normalerweise 9.30 Uhr. Da ich keine Lust auf Pausen habe, fielen bei mir die zwei Teepausen weg, die die anderen Mitarbeiter um 11 und um 16 Uhr machten.

Die Zeit hängte ich vorne dran. Also kam ich als letzter und konnte den Tag sympathisch entspannt beginnen. Allgemeiner Beginn war 9 Uhr.

An jenem Donnerstag erschien ich dann schon gegen 7.30 Uhr und säuberte den Sprayroom.

Staub war der Feind beim „Finish", wie der letzte Arbeitsgang heißt.

Gegen neun kam Percy, brachte mir die Farbe und gab mir die Adresse, wohin geliefert werden sollte.

Da fragte ich ihn verwundert, dass das ja erst am Samstag sei. Das bejahte er und fuhr fort:

„Alles ist organisiert. Ich gehe um 12 Uhr.

Ich hab Tickets für Bob Dylan in Dublin.

Fast ein privates Konzert. Die 1500 Tickets waren in einer Stunde ausverkauft. Am Montag bin ich wieder zurück." Ich war fassungslos.

„Nein, du musst hier bleiben", rief ich entsetzt, zeigte mit dem Zeigefinger auf den Boden und fuhr fort: „Du kannst doch nicht bei so einem Auftrag einfach gehen."

Er wurde nervös und wieder bildete sich Speichel in den Mundwinkeln.

„I love Bob Dylan. I have to go."

Schnell entfernte er sich, um einer weiteren Diskussion aus dem Weg zu gehen.

Da stand ich jetzt und fühlte mich im Regen stehen gelassen.

Innerlich war ich aber begeistert.

Natürlich muss das Vergnügen vor der Verpflichtung kommen. Nur so bleibt man ein glücklicher Mensch.

Was konnte schon passieren?

Ist die Arbeit schlecht ausgeführt, gibt es eine Reklamation. Egal. Dann wird es eben noch einmal gemacht.

Recht hatte er!

Trotzdem bekam er noch mal: „You stay here", von mir zu hören, als er sich um 12 Uhr verabschiedete, obwohl er ja der Chef war.

Natürlich musste ich für seine Liebe büßen.

Einige Arbeiten wurden schlampig ausgeführt und ich blieb zwei Nächte bis 2 Uhr nachts gemeinsam mit einem Lehrling, um auszubaden, was andere verbockt hatten.

Am Ende konnte ich pünktlich ausliefern.

Wie immer klappte alles, aber ich war doch ziemlich unentspannt.

Das deutsche Erbe lässt sich nicht so einfach abschütteln.

Zusätzlich zu meinem Job in der Schreinerei nahm ich, wie schon erwähnt, am Anfang zusammen mit Karina, meine künstlerische Arbeit wieder auf. Freitags nach Feierabend, ging ich hinters Haus und bearbeitete meine Hölzer aus dem Moor und behielt dies das ganze Wochenende bei.

Obwohl ich eigentlich sieben Tage die Woche arbeitete, hatte ich nie das Gefühl von Stress.

Mir machte alles Spaß und die Freizeit kam trotzdem nicht zu kurz.

Inzwischen hatte ich schon eine stattliche Anzahl fertiger Skulpturen.

Was einmal mit einem zwanzig Zentimeter kleinen Stück begann, hatte sich entwickelt.

Inzwischen waren die Objekte meist über zwei Meter groß. An eine richtige Ausstellung dachte ich nicht. Ich genoss nur die Arbeit und das Umsetzen der Ideen.

Eines Tages lieferte ich für die Schreinerei Material in ein Haus nach Murrisk, die kleine Ortschaft unterhalb dem heiligen Berg, 3km außerhalb Westports.

Das riesige Anwesen kannte ich schon seit längerem und dachte, es sei das Wasserwerk. Von außen sah man einen langen, hohen Wall mit einem etwa zehn Meter breiten und drei Meter hohen Rolltor.

Als ich dort ankam, war das Tor offen und ich fuhr in den Tunnel ein.

Er war geschätzte fünfzig Meter lang und ziemlich am Ende befand sich der Hauseingang. Von dort aus führte eine Wendeltreppe hoch zum Hauptgebäude.

Der Boden war aus weißem Marmor und die Seitenwände aus Glas.

Man hatte einen freien Ausblick aufs Meer und nach hinten raus in die Berge und auf den Park.

Ein regelrechter Palast!

Das Wohnzimmer war etwa zehn Meter breit und fünfundzwanzig Meter lang, die Glaswände fünf Meter hoch.

Der Hausbesitzer stellte sich mir mit Barclay vor und half, das Material, ein paar Leisten aus Wenghee, einem dunklen afrikanischen Holz, auszuladen.

Ich konnte nicht umhin, ihm mitzuteilen, dass ich vom Haus und dem ganzen Anwesen ziemlich beeindruckt war und etwas Vergleichbares nur einmal bisher in Marokko gesehen hatte. Das war ein Palast mitten im Zentrum von Casablanca gewesen. Hier kamen aber noch die Landschaft und der Ausblick aufs Meer dazu.

Er war selbst auch mit seinem neuen Heim sehr zufrieden, obwohl noch einiges fertiggestellt werden musste. Ohne mich länger aufzuhalten, fuhr ich auch gleich wieder zurück und konnte sogar im Tunnel locker wenden, so breit war er.

Der Zufall wollte es, dass ich am Nachmittag ein zweites Mal hinfahren musste um etwas anzuliefern. Als ich wieder die Wendeltreppe hochgekommen war und erneut den weißen Marmorboden sah, schoss es mir sofort in den Kopf.

Hier gehört sie hin - meine Skulptur.

Bei mir stand sie in einem dunklen Eck, da das Haus relativ wenig Lichteinfall hatte.

Hier passt sie perfekt hinten links ins Eck.

Der ideale Kontrast zu dem weißen Marmor.

Jene Skulptur war aus pechschwarzer Mooreiche und im oberen Teil hatte ich aus weißem Speckstein eine Figur eingefasst. Ähnlich derer auf den Osterinseln. Eigentlich wollte ich nichts verkaufen, aber das hier war was anderes. Sie war wie gemacht für diesen Raum und dieses Eck.

Ich fragte Barclay, ob er an Skulpturen interessiert sei. Er bejahte dies und wir machten einen Termin für Samstag aus.

Ich lud noch zwei Teile zusätzlich ein und besuchte ihn wie abgemacht.

Genau wie ich empfand er auf Anhieb das Gleiche. Die Skulptur gehörte einfach dort hin. Barclay war begeistert und wollte sie kaufen.

Anschließend unterhielten uns bei einem Tee eine Weile und er erzählte mir einiges aus seinem Leben. Er war fünfzig Jahre alt und hatte seine Firma verkauft. Es waren Computer, die er in Irland eingeführt hatte. Offensichtlich eine recht einträgliche

Beschäftigung. Er besaß noch ein Haus in Belfast, seiner Geburtsstadt, eines in London und eines im Süden Spaniens. Seine Frau war gerade für mehrere Wochen in ihrer Heimat Australien.

Jetzt wolle er sein Leben genießen und hatte mit Westport seinen neuen Lieblingsort gefunden.

Er zeigte mir das ganze Gelände.

Im Park hinter dem Haus waren zwei kleine Seen angelegt, die gleichzeitig den Wasserspeicher bildeten. Das verbrauchte Wasser reinigte sich durch natürliche Filter und konnte wiederverwertet werden. Ein in sich geschlossener Kreislauf.

Ein wunderschöner Weg schlängelte sich bis zu einem angrenzenden Berg, der etwa 300 Meter hinter dem Haus seinen Anfang nahm.

Während des Hausbaus wurden noch einige Baumstämme ausgegraben, die er gerne weiterverwenden wollte. Das wäre ein Job für mich, wenn ich das wollte. Ich könnte ihm den ganzen Park gestalten.

Er zeigte mir auch, wie ich in sein Grundstück kommen konnte, wenn das Tor verschlossen war.

Ein ziemlicher Vertrauensbeweis.

Zur endgültigen Auslieferung wollte ich die ganze Skulptur noch einmal kurz überholen, weshalb ich sie wieder mitnahm.

Eine Woche später lieferte ich sie dann endgültig zu Barclay.

Ich hatte 1000 Pfund verlangt, womit er einverstanden war. Da er kein Wort über den Preis verlor, lud ich ihn und seine Frau zu einem Ausflug auf Didis Insel ein.

Da ich Didi dafür auch bezahlen würde, hatte er ebenfalls etwas davon.

Als seine Frau wieder aus Australien zurück war, verabredeten wir uns für den Ausflug.

Ich war sehr gespannt.

Wie würden sie es einschätzen? Wie würden sie das etwas andere Paradies bewerten? Ein moderner Palast mit toller Aussicht im Vergleich zu einem bescheidenen Paradies im traditonellen Stil.

Es kam, wie ich es erwartet hatte. Barclay und seine Frau waren schwer beeindruckt.

Besonders Barclay verlor fast die Fassung:

„Ich dachte immer, ich hätte das schönste Haus mit der tollsten Umgebung und der schönsten Aussicht, aber das hier ist noch mal etwas anderes."

Wir verbrachten den Tag mit Bootfahren, einem Fünf-Gänge Menü (inklusive Whiskey und Zigarren) und einem Inselspaziergang.

Zum Abschluss durfte der Pubbesuch nicht fehlen.

Da Barclay sich ja zur Ruhe gesetzt hatte, befragte er Didi:

„Wann hast du dich denn eigentlich aus dem öffentlichen Arbeitsleben zurückgezogen?"

Didi: „Mit 32 Jahren, damals noch in Deutschland."

„Und du Jürgen?"

„I never was into it."

Das brachte mir zumindest lautes Gelächter ein. Es war zwar nicht ganz korrekt, aber gefühlsmäßig traf es den Innen Kern meines Ichs. Fremd fühlte ich mich immer in einem alltäglichen Prozess der wenig räumlichen und zeitlichen Spielraum bietet.

DIE WEIHNACHTSFEIER

Wie jedes Jahr, so hält auch ganz besonders im katholischen Irland die Weihnachtszeit Einzug.
Mehr als irgendwo anders.
Mit den Gerüchen des verbrannten Torfs, den vielen Lichtern auch außerhalb der Städte und der diesigen Feuchte empfand ich das als sehr feierlich.
Trotz der Geschäftigkeit um die Geschenke und dem Einkaufsrummel waren die Leute nie hastig oder gar hektisch unterwegs.
Sie vermittelten eher den Eindruck von freudiger Erregung, etwas Schönes für ihre Lieben einzukaufen.
Vor vielen Häusern, ganz besonders außerhalb der Städte und Dörfer, sah man riesige Nikoläuse, Schneemänner, Kutschen mit Pferdegespannen, fast noch größer und pompöser, als wären sie echt, komplett aus Neonröhren oder Lampen in den Vorgärten aufgebaut.
Das nahm schon Ausmaße an, bei denen ich in Deutschland gesagt hätte:
Hier ist das neue Statussymbol. Jeder möchte die größere Lichterkette als sein Nachbar haben.
Aber bei den Iren ist das anders.

Sie freuen sich einfach, dass sie so eine große Kutsche aufbauen können - ohne Hintergedanken. Das erfreut auch den Nachbarn.

Den Neid, den die Deutschen aufbringen können, gibt es hier nicht.

Weihnachtsfeiern gab es natürlich auch.

So lud auch Percy die gesamte Belegschaft ein.

Seine Schwester, die einzige weibliche Person in der Firma, blieb zu Hause.

Was ich im Nachhinein sehr gut verstehen konnte.

Treffpunkt war natürlich John Mc Ging`s Pub.

Die meisten waren eine Stunde früher da und mit zwei bis drei Getränken schon frühzeitig ganz gut dabei. Wir hatten schließlich die lange Fahrstrecke von etwa hundert Kilometer nach Galway vor uns.

Wir waren zu zwölft, genau das Fassungsvermögen des Minibuses unseres begnadeten Fahrers Connie.

Erstes Etappenziel - der Kart Racecourse von Eddy Jordan.

Kurz nachdem wir die Stadt verlassen hatten, fing Percy an, in seinen Jackentaschen herum zu kramen. Da er vorne mit Joe Fahy neben Connie saß und er dazu viel Bewegungsfreiheit brauchte, war das ziemlich auffällig. Auch das Licht wurde noch kurz eingeschaltet. Es war draußen schon dunkel und die Landstraße unbeleuchtet.

Als es wieder ausgeschaltet wurde und ich eine große Flamme und eine selbst gerollte Zigarette sah, war mir klar, warum.

Der Joint durchlief zuerst die vordere Reihe. Also Percy, dann Joe, dann Connie. Dann wurde er nach hinten gereicht. Dann weiter durch den ganzen Bus.

Meinen Anteil (ich war der Einzige, der verzichtete) konnte mein Assistent Padraigh, der Jüngste, der als Letzter an der Reihe war, auch noch mitrauchen.

Padraigh war Elvis Fan, womit er bei seinen Freunden, musikalisch gesehen, ziemlich alleine stand.

So ging es, von kurzen Pausen abgesehen, die ganze Fahrt bis Galway.

War der Joint hinten geraucht, dauerte es nicht lange, wurde vorne wieder ein neuer angesteckt.

Das Ganze wurde mit Rock und Blues laut untermalt. Ich bin vor innerlichem Grinsen fast geplatzt.

Ich musste immer daran denken, wie schön es jetzt doch wäre wenn hier eine Kamera eingebaut wäre und die Weihnachtsfeier live nach Deutschland übertragen werden würde.

Am Racecourse eingetroffen, mussten wir uns umziehen und bekamen spezielle Anzüge für das Rennen.

Beim ersten Durchgang, in der ersten Kurve schon, schoss Joe mit Vollgas von der Fahrbahn, drehte sich um die eigene Achse, vergaß vermutlich den Fuß vom Gaspedal zu nehmen und fuhr gegen einen Flutlichtmast, der geschätzte dreißig Meter von der Fahrbahn weg auch noch in entgegengesetzter Fahrtrichtung gebaut worden war.

Auch bei allergrößter Phantasie war es nur schwer vorstellbar, dass jemand diesen Mast erwischen könnte. Verletzt hat sich Joe nicht.

Aber der Kart verweigerte die Weiterfahrt und musste ausgetauscht werden.

Es fing allmählich an zu nieseln und die Bahn wurde immer rutschiger.

Es gab insgesamt sieben Durchgänge.

Alle fuhren fast immer Vollgas und kamen des öfteren vom Asphalt ab oder rauschten mit einem zusammen, der sich gerade gedreht hatte.

Verletzte gab es Gott sei Dank keine.

Ich hielt mich dezent zurück.

Zu viele Sport – OPs, das bremst den jugendlichen Leichtsinn.

Nur selten war jemand hinter mir.

Man bekam jeden Durchgang mit allen Daten wie Platzierung, Zeiten usw. ausgedruckt.

Sogar einen Film konnte man haben, wenn man wollte.

Ich erreichte mein Ziel und belegte einen hervorragenden vorletzten Platz.

Ein letzter Platz war im Klassement gar nicht vorgesehen. Psychologisch sehr geschickt. So kann niemand gehänselt werden.

Die Feier ging weiter.

Von Galway ging es jetzt nach Castlebar.

Indisch essen. Castlebar liegt zwanzig Kilometer östlich von Westport. Also den Weg wieder zurück, plus zwanzig Kilometer.

Die gleichen Rituale wie bei der Hinfahrt.

Wieder drehte der Chef den Joint, rauchte die ersten paar Züge und gab ihn dann an den Rest der Belegschaft inklusive Busfahrer weiter.

Das Dope hatte besonders bei ihm seine Wirkung nicht verfehlt.

Er war so euphorisiert, dass er vor lauter Lebensfreude in Castlebar die rote Ampel überfuhr – unglücklicherweise unter den Augen der Polizei, die daraufhin den Bus anhielt.

Bei Connies Taxi konnte man an beiden Seiten aussteigen.

Was jetzt genutzt wurde.

Hastig verließen alle den Bus und strömten auf die gegenüberliegende Straßenseite, wo zufälligerweise genau das indische Restaurant lag.

Keiner hat sich im Geringsten um Connie gekümmert. Ich hab` mich noch nicht einmal umgedreht.

Noch nicht einmal die Polizisten habe ich gesehen.

Alle wollten nur raus.

Im Restaurant bestellten fast alle Guinness.

Das musste von einem Pub von nebenan gebracht werden, da die Inder dafür keine Schanklizenz besaßen.

Nach einer Viertelstunde kam Connie.

Die „Fine" (alles andere als fein, bedeutet: Geldstrafe) betrug 50 Pfund.

Der Führerschein war kein Problem, den bekam man nur abgenommen, wenn man ein bekannter Trinker war und noch ein Arschloch dazu.

Das Essen war gut und jeder probierte auf mein Geheiß hin von jedem, was für Iren eher ungewöhnlich ist. Die meisten hatten noch nie indisch gegessen, aber die Neugier siegte.

Von einem Bierglas eines anderen würde aber keiner trinken. Dass es in Deutschland üblich ist, aus einem Maß oder Stein oder auch einem Schoppenglas mit mehreren Leuten zu trinken, stieß immer auf Ungläubigkeit und Kopfschütteln.

Nach diesem orientalischen Mahl ging es zu einer Geburtstagsfeier, wo drei Jugendliche ihren 18. Geburtstag (einer davon ein Lehrling der Schreinerei) mit Liveband und etwa 300 Gästen feierten. Da es schon spät war und alle in die Disco wollten, blieben wir nicht lange.

Connie kutschierte uns noch ins Westport Inn, eine Hoteldisco, wo wir den Abend mit noch etwas Guinness ausklingen ließen.

Merry Christmas!

Ich sollte wohl ergänzend erwähnen, dass dies nicht irgendeine Schreinerei war und immer noch ist. Es wurden Küchen mit den edelsten Hölzern hergestellt. Alle waren aus Vollholz und die Arbeitsplatten aus Granit oder Marmor.

Das Design wurde meist von Percy selbst entworfen. Die Kunden waren über die ganze Republik verteilt. In Dublin gab es auch einen Mitarbeiter mit dem schönen Nachnamen Lovejoy, der Kunden im Ostteil des Landes akquirierte.

Das erste irische Fernsehprogramm, RTE 1, hat sogar eine Sendung über die Firma ausgestrahlt.

Obwohl ich gut bezahlt wurde und die Arbeitsatmosphäre nicht besser hätte sein können, wollte ich mich eine Zeitlang ausschließlich der Kunst widmen.

Gesund war der Job auch nicht gerade und es war von Anfang an klar gewesen (zumindest für mich), dass ich nur aushelfen würde.

Deshalb bat ich Percy, einen Nachfolger für mich zu suchen. Es dauerte einige Wochen, aber als er ihn gefunden hatte, arbeitete ich für einige Monate nur an meinen Skulpturen.

DROGEN IN IRLAND

Dass ich die Geschichte mit den Joints so offen er-
zähle, mag für Deutsche vielleicht etwas ungewöhnlich erscheinen, aber für die Iren sind Drogen
nicht unbedingt ein Schreckgespenst, wie es in
Deutschland der Fall ist.
Alles, was die Alltäglichkeit etwas auflockern kann,
seien es ein paar Drinks oder andere Drogen, wird
irgendwie ganz gerne mal mitgenommen.
Die Grundeinstellung ist jedenfalls eine andere.
Dabei geht es auch darum, dass Verbote, egal welcher Art, als Einschränkung der persönlichen Freiheit gesehen werden und deshalb ziemlich unbeliebt sind.
Der Deutsche ordnet sich dem unter, wobei der Ire
grundsätzlich eine Abneigung entwickelt und das
auch kund tut.
An einem freien Nachmittag schlenderte ich durchs
Städtchen am Octagon Monument, als mich ein äl-
terer Herr, geschätzte achtzig Jahre alt, einfach an-
sprach:
„In welcher Unfreiheit leben wir eigentlich.
Alles ist verboten. Zum Beispiel Marihuana zu rauchen. Wieso ist das verboten? Ich selber rauche
nicht. Ich habe noch nicht einmal eine Zigarette in

meinem Leben geraucht. Aber warum soll das verboten sein?

Das Leben macht keinen Spaß mehr bei so vielen Verboten."

Diese Aussage repräsentiert die Einstellung, die ich ganz besonders bei den älteren Leuten festgestellt habe. So überrascht es auch nicht, dass die Iren, bis Bertie Ahern „Taoiseach" (Staatschef) wurde, in 32 Legislaturperioden 31 Regierungen gewählt haben, man könnte eigentlich auch abgewählt sagen. So gibt jeder nur das Beste und die Einschränkungen halten sich in Grenzen, denken die Iren.

Als der „Smoking Bann" (Rauchverbot) in den Pubs eingeführt wurde, wurden in den Hinterhöfen große, eher Regen- als Sonnenschirme aufgestellt, wohin sich dann das rauchende Volk begab.

Da ging dann auch mal ein Joint rum und Leute, die zufällig dabeistanden, nahmen auch mal einen Zug oder zwei. Dabei spielte das Alter überhaupt keine Rolle. Auch interessierte es niemanden, dass man sich ja strafbar machen könnte.

TAXIS UND AUTOFAHREN

Da ich zehn Kilometer außerhalb Westports wohnte, blieb es nicht aus, dass ich ab und zu mal ein Taxi brauchte. Nicht unbedingt, wenn ich in die Stadt wollte, sondern eher umgekehrt. Hatte ich das ein oder andere Pint getrunken, ließ ich das Auto stehen und nahm ein Taxi.

Nur war das nicht ganz so einfach.

Da gab es noch einige andere Pubbesucher mit dem gleichen Bedürfnis.

Von John Mc Ging aus war es kein Problem, da war Connie mit seinem Sammeltaxi. War ich aber in der Disco gewesen, war er gewöhnlich schon unterwegs und beschäftigt. Von den anderen Taxifahrern kannte ich keinen.

Es wird wenig Orte auf dieser Welt geben, die nur etwa 5000 Einwohner haben und über fünfzig Taxis. Davon waren eine nicht geringe Anzahl Kleinbusse von bis zu zwölf Plätzen.

Trotzdem waren es nicht genug. Da Westport sich Ende der 1990er zu einem richtigen Partystädtchen entwickelt hatte, überrascht dies nicht sonderlich. Ein Auto sich leisten zu können war für die jüngere Generation fast unerschwinglich. Vor allem eine Versicherung zu bekommen, schwierig und sehr teuer. Es wurde sogar zu einem Politikum, da viele ja auch an ihren Arbeitsplatz mussten. Die Bus- und Bahnverbindungen waren nicht ausreichend. Der Staatschef persönlich engagierte sich für günstigere Tarife.

Als ich mein erstes Auto in Irland versicherte, brauchte ich sogar einen Bürgen.

Da viele junge Leute in der Umgebung wohnten, wurden die Taxis besonders an Wochenenden wirklich gebraucht.

Ein wirtschaftlicher Aufschwung geht meist Hand in Hand mit Bauboom und Autoverkauf.

Die ersten Anfänge des Celtic Tigers konnte ich in den Banken und auf der Post erkennen. Es wurde Werbung gemacht: „Buy a Car", war überall zu lesen. Davon wurde reger Gebrauch gemacht.

Dass man dazu aber auch Autofahren können muss, wurde vergessen.

Den Führerschein konnte man sich bei der Gemeindeverwaltung für zehn Pfund kaufen!

Dann durfte man fahren und konnte sich nach ein bis zwei Jahren prüfen lassen.

Das hatte seine Auswirkungen.

So klopfte es eines Nachmittags an meine Haustür und ein Nachbarsmädel, 18 Jahre alt, stand vor mir: „Ich habe einen neuen Job und morgen meinen ersten Arbeitstag. Um dort hin zu kommen, habe ich ein neues Auto. Aber ich kann nicht fahren.

Kannst du es mir beibringen?"

Also betätigte ich mich den ganzen Nachmittag als Fahrlehrer. Ich nutzte zuerst mal das Gelände der Güterabfertigung der irischen Bahn. Die Straßen in und um Westport waren alle sehr eng, da war es schwierig, die ersten Fahrversuche durchzuführen.

Nach einer Stunde bei der Bahn kam eine Angestellte und schickte uns weg.

Das Gelände sei nicht für die Öffentlichkeit bestimmt, meinte sie.

Das Anfahren und im Kreis Fahren klappte da aber schon ganz gut, so dass ich es riskierte, sie auf die Straße zu lassen.

Es klappte soweit, dass ich den Eindruck hatte, dass sie es am nächsten Morgen auch alleine schaffen würde. Dem war auch so. Zumindest hatte sie abends keine Delle am Auto.

Ich hätte sie nicht zur Arbeit fahren dürfen. Die Versicherungen, es sei denn, man hatte einen hohen Aufpreis bezahlt, waren strikt personenbezogen.

Nur der eingetragene Fahrer durfte fahren.

In Irland wurde zwar vieles recht locker gehandhabt, aber ich kenne einen Engländer (Ian), der in diesem Fall Pech gehabt hatte und seinen Führerschein für ein paar Monate los war. Die falsche Nationalität darf man natürlich nicht noch zusätzlich haben.

Es gab massenweise Neuzulassungen und ebenso viele zusätzliche Unfälle. Die Statistiken kenne ich nicht, aber es gab ein Jahr, in dem ich von der Versicherung zwar um zehn Prozent abgestuft wurde, aber die Rechnung mehr als doppelt so hoch wie im Vorjahr ausfiel!

Einen Unfall sah ich mit eigenen Augen. Ich fuhr die High Street hoch und vor mir saßen zwei ältere Ehepaare um die siebzig in einem nagelneuen vier-türigen Kleinwagen.

Da mitten auf unserer Straßenseite, neben einer Reihe ordnungsgemäß geparkter Autos ein VW-Bus stand und von oben ständig Verkehr kam, konnte der Fahrer nicht überholen.

Da die Straße sehr steil war, musste man ständig Kupplung und Gas nachgeben, um eventuell auf die andere Straßenseite zum Überholen ansetzen zu können. Der Verkehr nahm aber nicht ab.

Ständig kamen Autos auf der anderen Straßenseite herunter. Das Auto vor mir rollte immer ein klein wenig nach hinten, kam mir gefährlich nahe, bis er wieder Gas gab.

Ständig linste der Fahrer um den VW- Bus, ob er nicht doch überholen könnte.

Das ging eine ganze Weile so, bis er schließlich die Geduld verlor, das Lenkrad nach links zog und dort in eines der geparkten Autos krachte.

Ich konnte kaum fassen, was ich da gesehen hatte, und schaute dann, als ich an ihnen vorbeifuhr, in die entsetzten Gesichter.

Trotzdem konnte ich mir das Lachen nicht verbei-ßen.

Eine halbe Stunde später gab es ein ähnliches Bei-spiel, als eine Frau ohne ersichtlichen Grund auf gerade Strecke bei mir vor der Haustür ebenfalls in ein parkendes Auto gefahren war.

„Schwerer Fahrfehler", antworteten mir die umstehenden Passanten auf meine Frage, was hier passiert war.

Das Paradoxe war, dass ich meinen deutschen Führerschein für die Fahrdienste in der Schreinerei umschreiben lassen musste, da die Versicherung bei einem irischen Führerschein für die Firma nur fünfzig Pfund kostete.

Für den deutschen Führerschein wären es 500 Pfund gewesen!

Auch unter den Taxifahrern gab es welche, die nicht Autofahren konnten und zusätzlich überhaupt keine Ortskenntnisse hatten, obwohl sie ihr ganzes Leben hier verbracht hatten.

Auch die grundsätzliche Basis einer Personenbeförderung gegen Geld war bei einem speziellen Fahrer überhaupt nicht vorhanden.

Ich geriet zweimal an ihn.

Beim ersten Mal fuhr er die ganze Wegstrecke nur Schritttempo, obwohl es tagsüber und überhaupt kein Verkehr war.

Als er dann endlich bei mir zu Hause angekommen war, schaute er auf die Uhr und verlangte einen viel zu hohen Preis und ergänzte seine Forderung noch dadurch, dass es lange gedauert hatte.

Darauf ging ich nicht ein und erklärte ihm, dass es schließlich seine Schuld sei und er nur das bekomme, was ich immer bezahle.

Er beschwerte sich zwar, aber ich gab ihm nur die üblichen fünf Pfund und verschwand im Haus.

Einige Wochen später stieg ich nachts wieder in sein Taxi ein. Es war leider nicht zu vermeiden, da kein anderes mehr in der Stadt zu sehen war.

Die anderen Gäste im Kleinbus wollten alle in Richtung Newport und mussten tröpfchenweise an verschiedenen einzelnen Gehöften abgesetzt werden.

Er erklärte mir die Route und ich wusste, ich würde erst als letzter aussteigen können.

Wieder fuhr er so langsam.

Diesmal auch noch unsicher dazu, da es dunkel war. Unglücklicherweise fuhr er nur auf den schmalen Seitenstraßen, den Secondary Roads.

Wenn Gegenverkehr kam, dauerte es unheimlich lange, bis das geregelt war.

Er fuhr immer zu weit in der Mitte, so dass der andere Fahrer große Probleme hatte, an ihm vorbeizukommen. Er selbst blieb einfach stehen und wartete, bis der Gegenüber es geschafft hatte.

Lenken, Entfernungen abschätzen oder rangieren, er konnte es nicht.

Dann kam erneut eine enge Kurve und genau in dem Moment schon wieder Gegenverkehr.

Er war wieder viel zu weit in der Mitte gefahren und diesmal reichte es nicht.

Ich stieg aus und dirigierte ihn drei Meter zurück - weiter wollte er nicht.

Dann half ich dem anderen Kleinbus und – welch glücklicher Zufall, es war Connies.

Als der Rangiervorgang beendet war, stieg ich in sein Taxi ein und sagte:

„Connie, you saved my life. Bring mich bitte nach Hause. Der Typ da kann kein Auto fahren."

Die Anwesenden in Connies Taxi lachten schallend.

Das hatten sie noch nicht gesehen.

Jemand wechselte während der Fahrt das Taxi - wegen grober Unfähigkeit des Fahrers!

Die EU Bestimmungen machten es notwendig, dass in Irland sogenannte „Random Searchs", Routine-kontrollen mit Alkoholtests, eingeführt werden mussten. Die betrunkenen Fahrer waren aber die ungefährlicheren Verkehrsteilnehmer.

Sie fuhren meistens langsam, zuvorkommend, ge-sittet und wollten nur nach Hause kommen.

Die andere Kategorie blendete ständig auf, über-holte an unübersichtlichen Kurven und war eine regelrechte Bedrohung.

Meine Erfahrung sagte mir, dass jeder Autofahrer, der nachts unterwegs war und zu schnell fuhr, kei-nen Alkohol getrunken hatte.

Es waren die nüchternen Fahrer, die schlimme Un-fälle verursachten. Kurios zwar, trifft den Nagel aber auf den Kopf.

Das hat auch viele irische Politiker beschäftigt, die sich öffentlich gegen diese Art der Kontrolle aus-sprachen.

Dazu kam noch der soziale Faktor.

Viele ältere Leute, die weit außerhalb einer Stadt wohnen, haben keine Möglichkeit mehr, ein Pub zu besuchen.

Nur um sich zu treffen und gemütlich etwas zu trinken, fuhren Seeleute, Fischer oder Bauern ihr ganzes Leben mit dem Auto ins Pub und nach einigen Drinks auch wieder nach Hause.

Nur so konnten sie ihre sozialen Kontakte pflegen. Taxis oder Busse gibt es in manchen Gegenden gar nicht. Die Polizisten wussten das und ließen diese Leute in Ruhe. Nur die wirklich „bösen Buben" wurden nach mehrmaligem Vorwarnen gestellt.

Die Schließzeiten der Pubs wurden teilweise auch durch die Polizisten von innen kontrolliert. Da wurde schon mal der ein oder andere noch eingelassen, der aufgrund seines Jobs erst spät für einen kurzen Plausch und Feierabenddrink ausgehen konnte.

CASTLECOURT HOTEL

In John Mc Ging`s Pub sprach mich einer der älteren Köche vom Castlecourt Hotel an, ob ich nicht Lust auf einen Küchenjob hätte. Ich sollte mich doch dort mal melden und mit dem Chefkoch sprechen.

Mittlerweile waren einige Wochen vergangen und ich konnte und wollte alleine schon wegen der guten zwischenmenschlichen Beziehungen, die ich an jedem Arbeitsplatz in Irland erfahren habe, wieder einen Job ausüben, der nichts mit Kunst zu tun hatte.

Also machte ich mich auf und ging durch eine Hintertür des Hotels direkt in die Küche.

Ich traf nur den 2. Chefkoch, Sean, einen Iren an, da der 1. Chefkoch, ein Franzose, in Urlaub war.

„Ich habe gehört, ihr braucht Leute für die Küche", sprach ich ihn an. Worauf er mir mit:

„Dich kenne ich, du bist doch schon länger hier in der Stadt", antwortete.

Ich zählte ihm ein paar Bekannte auf, die er eventuell auch kannte und wir unterhielten uns eine Weile über alltägliche Dinge. Das Gespräch hatte nur privaten Charakter. Irgendwann bestätigte er, dass sie jemand brauchen könnten und er mich dem Manager, Joe, vorstellen möchte. Er telefoniete kurz, wir schlenderten in den Salon und der Manager war auch gleich zur Stelle.

Er stellte sich kurz namentlich vor und erklärte die Philosophie des Hauses.

Sehr wichtig ist ihnen das Verhältnis der Belegschaft untereinander und dass es allen Freude macht.

Die Arbeit müsse natürlich gemacht werden, aber Freundlichkeit und Sympathie seien sehr wichtig.

Er fuhr noch fort, dass Sean meinte, dass ich den Job machen könne und ich jetzt nur noch einen Termin ausmachen soll, wann ich anfangen wolle.

Das kürzeste Einstellungsgespräch meines Lebens.

Es hatte keine zwei Minuten gedauert.

Keine unnötigen Fragen, keine Schulmeistereien, keine Wichtigtuereien, kein unnötiges Ausfüllen eines Personalbogens usw...

Joe war nicht nur der Manager, er war gemeinsam mit seiner Schwester, die wie er eine sehr freundliche Ausstrahlung hatte, Besitzer des Hotels.

Donnerstags, zwei Tage später, fing ich an.

Donnerstag beginnt die gastronomische Woche und war Berechnungsgrundlage für die Zahlungen.

Das Hotel hatte insgesamt 165 Mitarbeiter, davon auch viele, die nur sporadisch bei Hochzeiten oder Familienfeiern aushalfen. Es waren fast immer auch Rentner dabei, die halfen den großen Andrang zu bewältigen.

In der Hauptsaison waren bis zu 530 Hausgäste und meist zwischen 300-500 Hochzeitsgäste zu bewirten. Abends geschah das gleichzeitig.

Für den großen Saal waren zu Spitzenzeiten bis zu zwanzig Bedienungen für die Hochzeit und am anderen Ende der Küche fünfzehn Bedienungen für die Hausgäste eingeteilt und auch notwendig.

Ein Normalbürger, der so etwas noch nicht erlebt hat, kann sich nicht vorstellen, wie laut und wie lebendig es in so einer Küche zugehen kann.

Es wurde so schnell wie möglich, aber ohne Panik alles abgearbeitet.

Bei den Hochzeiten mussten für eine kurze Zeit alle verfügbaren Köche zum Ausschank. Es wurden Bleche voller gekochter Kartoffeln aus dem Konvektomat geholt, woraus in Windeseile Kartoffelbrei gestampft wurde. Da musste man wegen des heißen Dampfes sehr vorsichtig sein. Mit mehreren geübten schnellen Handgriffen war das kein Problem.

Dabei erzählte man sich Geschichten oder diskutierte Fußballergebnisse.

Es wurde wie in der Schreinerei kein unnötiges Wort über die Arbeit verloren.

Das Radio lief in vollster Lautstärke, was den Geräuschpegel noch zusätzlich erhöhte.

Manchmal standen wir um das Radio, inklusive Chefkoch, und waren gespannt, was die Sportreporter aus den Stadien zu berichten hatten.

Sport war immer ein Thema.

Es fanden auch innerbetriebliche Fußballspiele statt. Im ersten Spiel an dem ich teilnahm, standen sich die Küche und das Restaurant gegenüber. Dazu kam sogar ein echter Schiedsrichter, der vom Hotel bezahlt wurde.

Die Küchenauswahl war international. Zwei Russen, zwei Franzosen, einer aus Bangladesh, ein Spanier, der Rest Iren und ich.

In diesem Hotel war es wirklich wichtig, sich mit den anderen Mitarbeitern gut zu verstehen und hilfsbereit zu sein, wie es Joe beim Einstellungsgespräch erklärt hatte.

Einer unserer Köche, ein Nordire, kam regelmäßig zu spät. Das störte eigentlich niemanden.

Nur spannte er dann andere ein, um das aufzuholen. Das war immer noch in Ordnung, aber selbst wollte er keinem helfen und wurde von Tag zu Tag unfreundlicher.

Die Krönung war, als ihm Kartoffelbrei auf den Boden fiel, der Chefkoch ihn bat, es wegzuwischen, was er mit dem Spruch ablehnte:

„Das ist Arbeit für den Kitchen Porter(Putzhilfe)."

Jeder macht alles und darf sich für nichts zu schade sein, ist aber ein Prinzip in Hotels.

Am nächsten Tag bekam jeder Mitarbeiter in der Küche vom Chefkoch auferlegt, dem Nordiren nicht zu helfen.

Wieder kam er zu spät und er war, da ihm niemand half, den ganzen Abend am Rotieren und am Schwitzen, da er sehr korpulent war.

Daraufhin fehlte er den Rest der Woche.

Der Chefkoch meinte, wenn er wieder will und sich kollegial verhält, kann er wiederkommen.

Er kam wieder.

Musste er wohl auch.

Keine Arbeit, kein Geld.

Die wöchentliche Auszahlung hat ihre eigene Erziehungsdynamik. Er blieb noch einige Wochen, kündigte dann aber von sich aus.

Sean bat mich, in der ersten Woche den Spülfrauen etwas auszuhelfen, da sie unterbesetzt waren.

Nach meiner Arbeitszeit und natürlich würde es bezahlt werden.

Die Girls vom „Wash up" waren alle um die fünfzig Jahre alt. Sie hatten viele Kinder geboren (drei Frauen hatten sieben Kinder, eine nur vier), waren sehr nett, sahen passabel aus und waren für wirklich jeden Spaß zu haben und um jeden Spaß froh.

Meine Arbeitszeit war in der ersten Woche von 14 – 22 Uhr und danach half ich noch bis etwa 1 Uhr.

Jeden Abend bedankten sie sich überschwänglich bei mir.

Als sie wieder komplett waren, boten sie mir täglich Tee und Kuchen an, obwohl ich es genau so oft ablehnte.

Eine weitere Woche später bekamen sie Verstärkung in ungeahnter Anzahl.

Plötzlich standen neun spanische Studenten in der Küche vor der Spülmaschine und wollten arbeiten.

Es dauerte eine Weile, bis Joe auftauchte und ihnen versicherte, dass alle untergebracht werden könnten und es genug Arbeit gibt.

Man stelle sich die Aufregung in Deutschland vor, wenn neun Leute zwei Stunden nur rumstehen und dafür bezahlt werden müssten.

Hier wurde immer Ruhe bewahrt.

Deshalb lief es auch so gut.

Ich fühlte mich hier sehr wohl. Nur mit einer Frau, Angela, sprach ich die ersten paar Tage kein Wort. In der ersten halben Stunde, die ich beim „Wash up" aushalf, kam sie dazu und holte zu einem Rundumschlag aus.

Alle seien unfähig und unbrauchbar, wüssten nicht, wie man arbeitet, und lästerte über Gott und die Welt.

Dafür bestrafte ich sie die ersten Tage mit Nichtbeachtung. Ich merkte bald, dass sie sehr kommunikativ war und Nichtbeachtung die Höchststrafe für sie bedeutete. Dass ich nicht mit ihr sprach, machte sie ganz nervös. Sie wollte Kontakt aufnehmen und spitzelte aus den Augenwinkel in meine Richtung, wenn sie in der Nähe war. Ich machte mir einen Spaß daraus, sie zappeln zu lassen. Dabei war Angela hochinteressant.

Sie war wahrlich keine Schönheit.

Ich konnte mir nicht vorstellen, dass sie verheiratet war. Tatsächlich hatte sie aber einen Mann abgekriegt. Das war sicherlich auf ihren außergewöhnlichen Charakter zurückzuführen.

Sie hat ihn sich wohl einfach gekrallt.

An der Kartoffelschälmaschine war sie eine Rakete.

Für diejenigen, die so ein Teil nicht kennen:

Die Kartoffeln werden in eine Art Trichter gegeben, in dem sich eine Scheibe mit sehr rauher Oberfläche befindet, die sich sehr schnell dreht.

Das Trichtergehäuse ist an den Innenwänden

ebenfalls rauh, wie Schmirgelpapier. Die Kartoffeln werden sozusagen geschleudert und mit Wasser aus diesem Gehäuse wieder hinaus befördert.

Die Kartoffeln sind dann fast komplett geschält. An einzelnen Stellen bleibt manchmal noch ein Rest. Dafür standen die Mädels vom „Wash up" bereit, um diesen Rest mit dem Messer wegzuschnipseln.

Angela war darin schneller als zwei Frauen zusammen, die dies normalerweise erledigten.

Mit dem kleinen Unterschied, dass danach die ganze Küche unter Wasser stand und voller Schlamm und Kartoffelschalen war. Sie verursachte das totale Chaos und brauchte manchmal fast eine Stunde, um alles wieder in den ursprünglichen Zustand zu versetzen.

Diese Küche war mein Arbeitsplatz.

Es gehörte auch noch ein integrierter Kühlraum dazu. Ich war zuständig für Obst, Gemüse und Salat.

Der Chefkoch gab mir morgens seine Order und ich hatte acht Stunden Zeit alles zu erledigen.

Ab und zu bekam ich noch Unterstützung von den „Wash up" Girls, wenn die nichts zu tun hatten.

Dies diente eigentlich mehr der Unterhaltung.

So kam immer mal jemand zum Schwätzchen vorbei, und damit es einen Grund gab, halfen sie mir bei der Arbeit. Ich hatte den ganzen Tag Spaß.

Manchmal, wenn zwei Frauen an der Kartoffelschälmaschine arbeiteten, fingen sie an zu singen. Die Lieder wurden mit viel Gefühl vorgetragen. Das hat mich jedes Mal sehr berührt.

Am Wochenende sah man Angela meistens mit einem Kuli und Zettel in der Hand von einem Posten zum anderen laufen. Sie hatte mit mehreren Männern Wetten laufen.

Alles musste wohl überlegt sein, es ging ja schließlich um Geld, wenn auch nur um kleine Einsätze.

Also holte sie sich, auch bei mir, erst mal Ratschläge, bevor sie ihre Entscheidungen traf.

Das nahm seine Zeit in Anspruch. Da konnte schon mal ein ganzer Morgen mit nichts anderem verbracht werden.

Wenn sie richtig aufgeregt war, wusste man:

Heute ist Großkampftag. Dabei waren alle Sportarten inbegriffen, die in Irland populär sind: Galic Football, Hurling, Soccer und Rugby.

Es war ein richtig „geselliger" Arbeitsplatz. Es gab Tage, da fiel ich richtig in ein Loch, wenn meine Arbeitszeit vorbei war.

„Und jetzt", dachte ich bei mir, „ist nichts mehr los". Um nicht öfter in dieses Loch zu fallen, legte ich meine Arbeitszeit, die so gut wie frei wählbar war, von 13 Uhr bis 21 Uhr. Danach nahm ich in der Kantine für die Belegschaft noch eine warme Mahlzeit (für jeden Mitarbeiter kostenlos) zu mir und machte mich auf in eines der Pubs, wo traditionell gegen 21 Uhr 30 die Live Musik beginnt.

Angenehmer hätte ich es nicht treffen können.
Alles war bestens.
So hätte es bis zum Ende meines Arbeitslebens bleiben können.

Für mich ist das alltägliche Geldverdienen aber schon immer die Nebensache gewesen.

Mein Hauptaugenmerk und das Wichtigste sind die Dinge, die mir Spaß machen.

Danach richtet sich alles.

Geldverdienen in der Alltäglichkeit ist eine lästige Pflicht. Da sind mir Jobs, die ich schnell kriegen und schnell beenden kann, die liebsten.

Langjährige Verpflichtungen sind mir ein Gräuel. Diesmal hätte ich allerdings tatsächlich eine Möglichkeit gesehen, mich länger einzurichten.

Aber meine künstlerische Seite hatte anderes mit mir vor. Die Skulpturen, die ich bisher kreiert hatte, waren alle meine eigenen Ideen gewesen.

Ohne irgendeinen Einfluss.

Ich brauchte aber rein aus künstlerischer Sicht eine neue Umgebung und war gespannt was durch Einflüsse passieren würde. Ich wollte die Museen des Europäischen Festlandes mit Schwerpunkt Paris besuchen und mich mit anderen Künstlern austauschen.

Ich hatte das Gefühl, mich weiterentwickeln zu müssen. Die Menge und Vielfalt der Museen zog mich magnetisch an.

Außerdem waren meine Eltern schon im gesetzten Alter, mit denen ich, wie mit meinen Freunden, mal wieder längere Zeit verbringen wollte.

Es war Zeit zu gehen.

Obwohl, oder vielleicht gerade deshalb, mir in Westport schon der Tratsch zugetragen wurde und ich Teil der Gesellschaft war.

Mittlerweile trainierte ich auch eine Jugendmannschaft sehr talentierter Zwölf- bis Vierzehnjähriger.
Aber das Gefühl, dass es Zeit war zu gehen wurde immer stärker und ließ mich nicht mehr los.
Ich entschloss mich zu kündigen.
Ich teilte es allen meinen lieben Mitarbeitern im Castlecourt Hotel mit und mir wurde tatsächlich eine Träne nachgeweint.
Mary, eine der sympathischen Frauen vom „Wash up", auch Mutter von sieben Kindern, mit der ich sehr viel Spaß hatte, vergoss sogar mehrere, als ich ihr es mitteilte!
Dass ich vieles vermissen werde, war klar.
Genauso sicher würde ich zurückkommen.
Die schöne Landschaft, das wechselhafte Wetter, die vielen unterschiedlichen Charaktere, original Guinness, die hübschen Frauen (Sex mit Irinnen gibts im nächsten Buch), Freunde, das Meer, die unvergleichliche frische Luft, den Humor der Menschen, die gute Laune am Arbeitsplatz, das alles werde ich hinter mir lassen.
Die Vorfreude auf die Rückkehr begann schon, obwohl ich noch gar nicht weg war. I`ll be back.